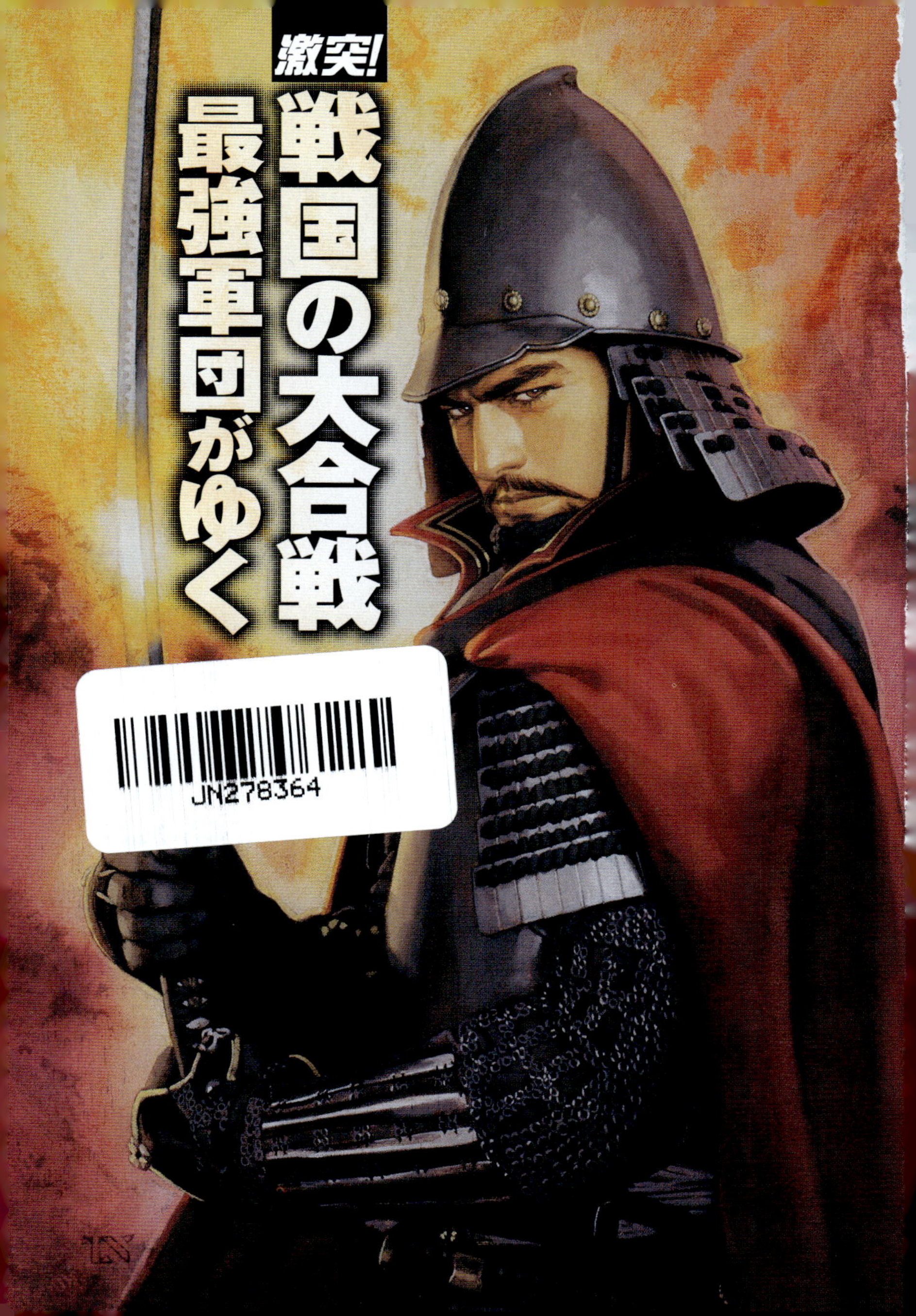
激突!
戦国の大合戦
最強軍団がゆく

羽柴(豊臣)秀吉
日本統一という偉業を成し遂げた豊臣秀吉。彼はその力を誇示するように大坂に天下無双の巨城を築いた。雄大なスケールは秀吉ならではなのだが……その足下では「第二の男」が天下獲りの機会を虎視眈々と窺っていた。
徳川家康
長年、同盟者の織田信長に振りまわされ続け、豊臣政権では秀吉を補佐。しかし、天下獲りへの夢は絶対に諦めない。必ずチャンスはやってくると信じて待つ。この忍耐力こそが、家康最大の武器である。

豊臣政権の筆頭大老となった家康だが彼の欲望は満たされていなかった!!

家康は豊臣政権の大名となったが、秀吉に心底服従したわけではない。家康と秀吉、この政権ナンバー1とナンバー2は、水面下では様々な暗闘を繰りひろげていた。天下獲りレースで最後に残ったふたりの戦いは、秀吉の死までつづくことになる。

小牧・長久手の合戦後、家康は秀吉に臣従した。小田原征伐で北条氏を滅ぼしたときにも、家康は秀吉を補佐してその天下統一の覇業に協力している。すっかり秀吉に臣従したかに思えたが……家康は天下獲りを諦めたわけではない。また、秀吉も、この頃はまだ家康を信用していたわけではなかった。北条氏を滅亡させると、すぐに家康を関東へ移封させている。できるだけ家康を豊臣政権の中枢がある大坂から遠ざけ、未開地である関東の開発に熱中させて、天下を狙う余裕をなくそうとしたのである。

秀吉の力に屈して移封に従った家康ではあるが、彼の新領地となった関東8カ国は、それまでの旧領の倍にあたる約250万石と広大。8万人もの兵が養える。関東の地で大軍を養いながら、家康は大人しく機会を待ちつづけた。

そして秀吉が死ぬと、家康はいよいよ密かに隠しつづけていた天下獲りへの欲望を露わにして、豊臣政権を守るために挙兵した石田三成と関ヶ原合戦で雌雄を決することになる。

いざ決戦へ!!
信長が好んだ「人間五十年…」という能の『敦盛』。彼の人生はまさしくそれだった。天下布武を目前に、明智光秀の叛乱により本能寺にて自刃。乱世を嵐のように駆け抜け、逝ってしまった。夢幻のごとく消えた織田信長による統一。だが、その意志を受け継いだ者たちによって、新たな戦いの火蓋が切られる!

勝利の方程式を知り抜いた合戦のアドバイザー
名将のもとには必ず頼りになる軍師がいた!!

古来から名将のもとには必ず天才的な軍略を駆使する名軍師の存在があった。たとえば『三国志』の蜀皇帝・劉備に仕えた諸葛孔明のような知略優れる人傑だ。日本の戦国時代でも、合戦の際には孔明に匹敵する名軍師たちが活躍した!!

黒田官兵衛

秀吉が天下を獲れたのも、彼の軍略あればこそ。「やつに百万石を与えたら、天下を奪われてしまう」と、官兵衛の知謀の冴えには主君の秀吉でさえ恐怖を抱き、働きからすればあまりに少ない領地しか与えなかった。

竹中半兵衛

わずか数人で岐阜城を乗っ取った知謀で知られる人物。山中に隠棲する半兵衛を、秀吉が三顧の礼を尽して軍師にむかえたという。まるで『三国志』の諸葛孔明そっくりのエピソードを持つ、戦国を代表する天才軍師。

山本勘助

武田軍団の隻眼軍師として有名だが、その生涯には謎の部分が多い。信玄に召し抱えられたのちは、軍師として活躍。第4次川中島合戦では、啄木鳥戦法を考案して上杉謙信と戦うが、ここで壮絶な最期を遂げる。

伊達政宗

「独眼竜・政宗」が、もっと早く生まれていたら、戦国史は違ったものになっていたかもしれない。卓越した戦略で奥州を手にするが、時すでに遅し。豊臣秀吉によって、天下はほぼ統一されつつあった。

武田信玄

最強の武田軍団を率いて戦った。「戦国の巨人」「甲斐の虎」など異名も数多い。知謀の才にあふれ、領国経営や外交のセンスも抜群。バランスのとれた名将で、ライバルの上杉謙信と川中島合戦で幾度も激突した。

群雄たちの抗争も遂に最終章へ突入
日本史の最も熱かった時代が始まる!!

織田信長が上洛を果たし、畿内を支配しつつあった頃。甲信地方では武田氏、関東の北条氏、また中国地方の毛利氏、四国の長宗我部氏、等々…各地に強大な勢力が生まれていた。天下獲りレースも、いよいよその勝者は絞られてきた!!

羽柴秀吉

高松城水攻めなど奇想天外な戦法を考案。形にとらわれない発想を好むいかにも信長好みの武将である。織田軍団の中国方面司令官となり、さらには天下人へ。その異例の出世ぶりは、まさしく下克上の時代の寵児。

織田信長

戦国時代はこの男を中心に動いたといっても過言ではない。兵農分離、鉄砲の集中運用など、誰も考え得なかった斬新なアイデアを駆使して、古い思考に凝り固まった旧勢力を駆逐した。まさに「ミスター戦国時代」。

真田幸村は大軍めがけて孤高の突撃を敢行
狙うはただひとつ「天下人の首級」のみ！

徳川家康によって天下は完全に掌握された。天下獲りレースの決着はついた。しかし……それに逆らいつづける男たちがいた。滅びゆく豊臣家に味方して大坂城にはせ参じ、家康が率いる二十万の大軍と対峙。天下人と日本中の諸侯を敵にまわして獅子奮迅の活躍。戦国武将の最後の意地が爆発したのが「大坂の役」であった！

真田幸村

大坂の役では、大坂方の将として幕府軍を相手に奮戦。敵方の意表をつく奇想天外な戦術と、迅速で果敢な用兵が目立った。夏の陣においては、徳川の本陣に突撃。一時は家康も死を覚悟したほどの猛攻をみせた。

激突！戦国の大合戦 最強軍団がゆく

［序詞］

全国各地に戦国大名と呼ばれる群雄が割拠して、天下統一を最終目標にしのぎを削った戦国の乱世。この時代には、大規模なものから小規模なものまで、日本史上で最も多くの合戦が繰り広げられた。

謀略、内応、裏切り……あらゆる戦略を駆使して、領地の拡大を目指した戦国の群雄たち。

本書では、そんな「戦国の合戦」の中でも、攻防が目まぐるしく変化、ときには寡兵が大軍を破ることもあり、まさに戦の醍醐味というべき野戦を中心に構成。織田信長が今川義元を破り、まさかの勝利をあげた桶狭間の戦い。新兵器・鉄砲の威力を天下に知らしめた長篠の戦いなど、とくに人気の高い二十大決戦を大解剖した。

「殺るか、殺られるか」――まさしく生き残りを賭けた、戦国大名によるサバイバルマッチのゴングが、いま打ち鳴らされる！

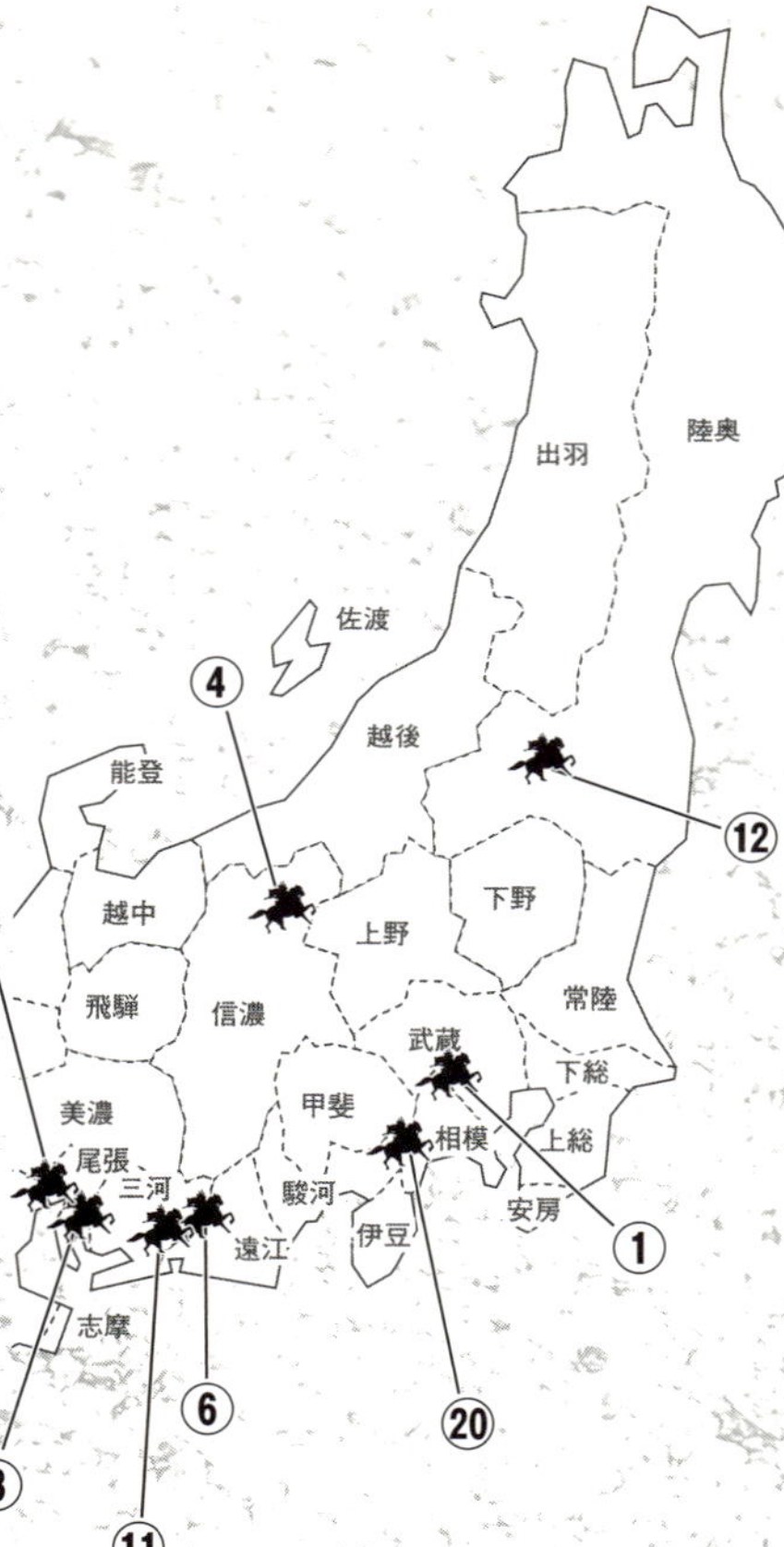

⑪三方ヶ原の戦い （P.131）
元亀三年（1572年）
武田信玄 VS 徳川家康

⑫摺上原の戦い （P.225）
天正十七年（1589年）
伊達政宗 VS 蘆名義広

⑬耳川の戦い （P.163）
天正六年（1578年）
大友宗麟 VS 島津義久

⑭吉田郡山城の戦い （P.015）
天文九年（1540年）
尼子晴久 VS 毛利元就

⑮教興寺の戦い （P.067）
永禄五年（1562年）
三好長慶 VS 畠山高政

⑯金ケ崎の戦い （P.091）
元亀元年（1570年）
織田・徳川連合軍 VS 朝倉・浅井連合軍

⑰木崎原の戦い （P.121）
元亀三年（1572年）
伊東義祐 VS 島津義久

⑱四万十川の戦い （P.155）
天正三年（1575年）
長宗我部元親 VS 一条兼定

⑲沖田畷の戦い （P.201）
天正十二年（1584年）
龍造寺隆信 VS 有馬・島津連合軍

⑳三増峠の戦い （P.099）
永禄十二年（1569年）
武田信玄 VS 北条氏康

本誌掲載

戦国合戦場所一覧

① 河越夜戦 (P.022)
天文十四年（1545年）
北条氏康 VS 山内&扇谷上杉・足利連合軍

② 厳島の戦い (P.038)
天文二十四年（1555年）
毛利元就 VS 陶晴賢

③ 桶狭間の戦い (P.052)
永禄三年（1560年）
織田信長 VS 今川義元

④ 第四次川中島の戦い (P.076)
永禄四年（1561年）
武田信玄 VS 上杉謙信

⑤ 姉川の戦い (P.106)
元亀元年（1570年）
織田・徳川連合軍 VS 浅井・朝倉連合軍

⑥ 長篠の戦い (P.140)
天正三年（1575年）
武田勝頼 VS 織田・徳川連合軍

⑦ 山崎の戦い (P.172)
天正十年（1582年）
明智光秀 VS 羽柴秀吉

⑧ 賤ケ岳の戦い (P.186)
天正十一年（1583年）
柴田勝家 VS 羽柴秀吉

⑨ 小牧・長久手の戦い (P.210)
天正十二年（1584年）
徳川家康 VS 羽柴秀吉

⑩ 関ヶ原の戦い (P.232)
慶長五年（1600年）
徳川家康(東軍) VS 石田三成(西軍)

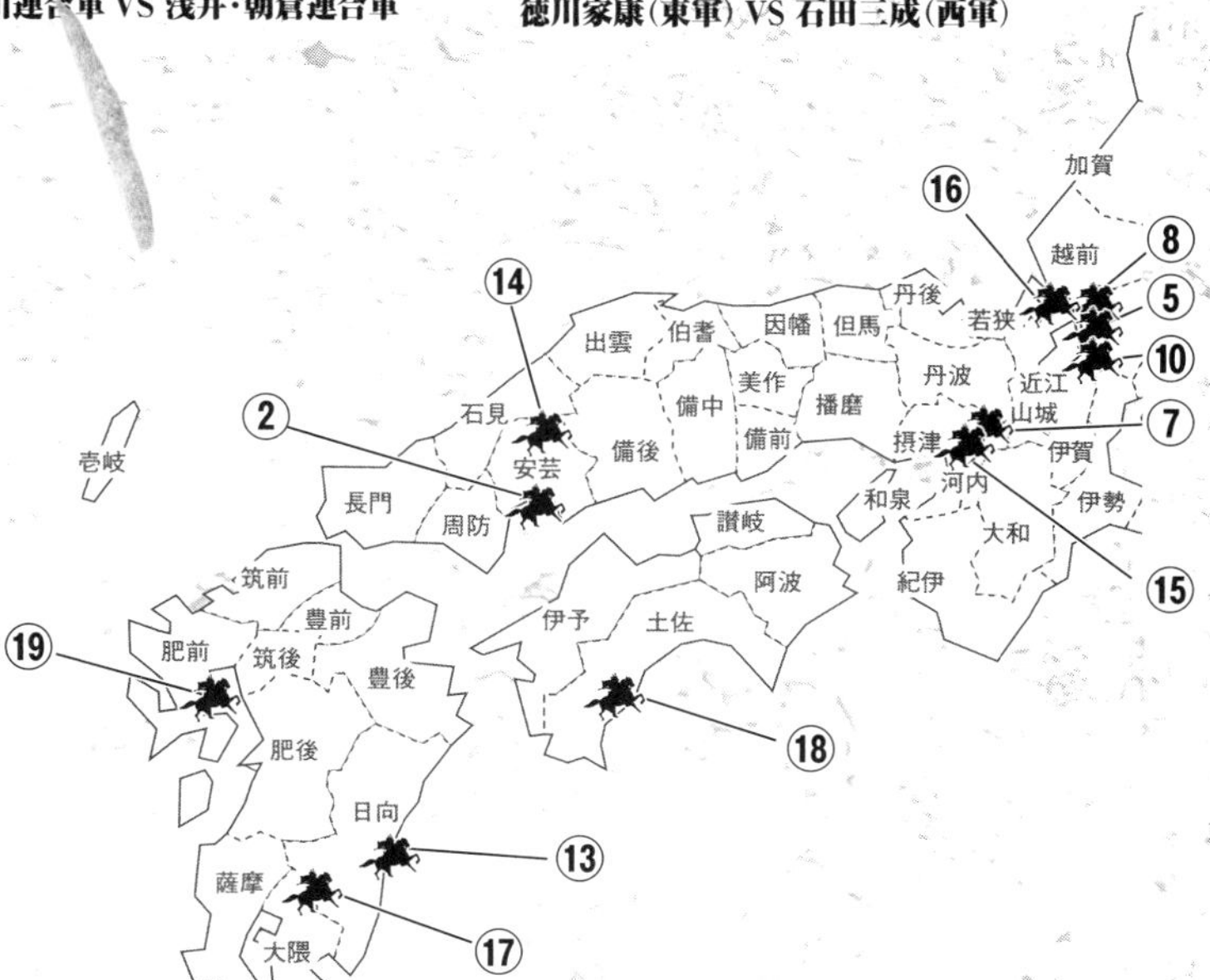

最強軍師列伝

太原《たいげん》雪斎《せっさい》

明応五年（1496）―弘治元年（1555）

主君…今川義元

太原雪斎像（臨済寺蔵）

甲相駿三国同盟締結の立役者
彼が存命なら義元の上洛は成功した!?

僧籍にありながら駿河の今川義元の軍師として活躍。戦場での作戦立案から領国統治や外交まで、様々な面で義元をサポートしてきた。とくに、相模の北条と甲斐の武田との間で締結された甲相駿三国同盟は、雪斎の手腕によるところが大きい。今川義元が上洛を決意する直前に彼は死去したが、もし雪斎が生きて従軍していたら、桶狭間合戦の悲劇はなかった、といわれるが……。

吉田郡山城の戦い《よしだこおりやまじょうのたたかい》

尼子晴久 × 毛利元就

天文九年～天文十年（1540～1541年）

山間の弱小勢力だった毛利元就が独立をかけて陰陽十一カ国の太守を自負する尼子氏と対決。長い篭城戦の末に迎えた意外な結末とは…？

毛利元就が飛躍する契機となった重要な一戦！

毛利の家督を相続した元就が山陰の巨人・尼子氏との対決を決意

本書のメインテーマはあくまで「野戦」であり、攻城戦については除外するのが編集方針。しかし、この吉田郡山城（広島県安芸高田市）の戦いは、前半こそ地味な攻城戦だが、後半戦は血湧き肉踊るという表現がピッタリの野戦へと展開は変わってゆくことになるので、あえて紹介したい。

まず、この戦いがあった頃の中国地方だが、周防と長門を本拠とする大内氏と、出雲の尼子氏という二大勢力が激しく対立していた。尼子氏は尼子経久《つねひさ》の代に出雲の守護代から大発展を遂げた新興勢力である。山陰に確固たる地盤を築き、やがて備後や備前など山陽道の全域にまで浸透して、一時は「陰陽十一州の太守」と呼ばれる巨大勢力となった。

その尼子氏と大内氏の勢力圏の境である安芸国は、両者の激しい抗争の地。山間地の吉田一帯を治める小領主の毛利《もうり》氏も二大勢力の狭間で他の土豪勢力と同様、両者の旗色を眺めながら臣従と離間を繰り返し命脈を保っていた。一歩その舵取りを間違えると滅亡……歴代の当主はこの危ない綱渡りに神経をすり減らしてきた。

家督を継いだ兄とその幼少の嫡男が相次いで急死したことで当主となった毛利元就《もとなり》もまた、二大勢力の狭間で悩むこととなる。

この頃、毛利氏は尼子氏に臣従していたが、一代の英雄である経久が隠居したことでその勢いにも陰りがでている。また、尼子氏が家督相続に対して何かと干渉してきたことも、元就に

両軍戦力比較表

尼子軍 主な武将	尼子軍	VS	毛利軍	毛利軍 主な武将
	出雲、石見など８カ国	領国	安芸国の一部	
	80〜100万石	石高	5〜10万石	
尼子誠久、尼子久幸、湯原宗綱、高尾久友、黒正久澄、吉川興経、三沢為幸、亀井秀綱など	30,000人	動員兵力	3,000人	桂元澄、小早川興景、宍戸元源、杉隆相、陶隆房（大内氏よりの援軍）など
		装備	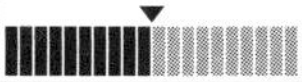	
	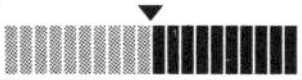	補給力		
		精強度		
		士気		

尼子晴久		毛利元就
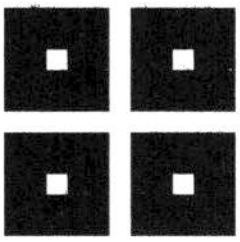 平四つ目結	総大将の家紋	 一文字に三つ星

総大将の能力値

尼子晴久

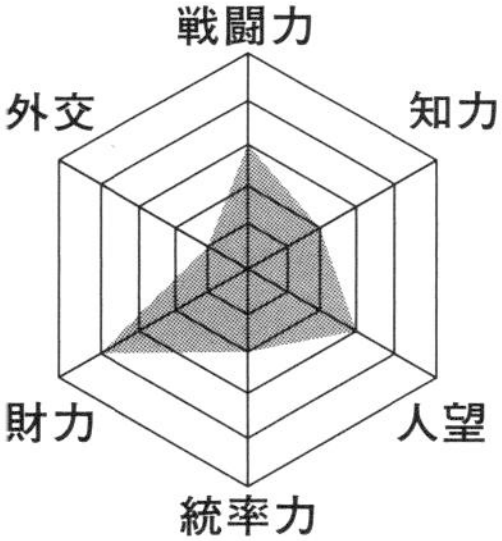

毛利元就

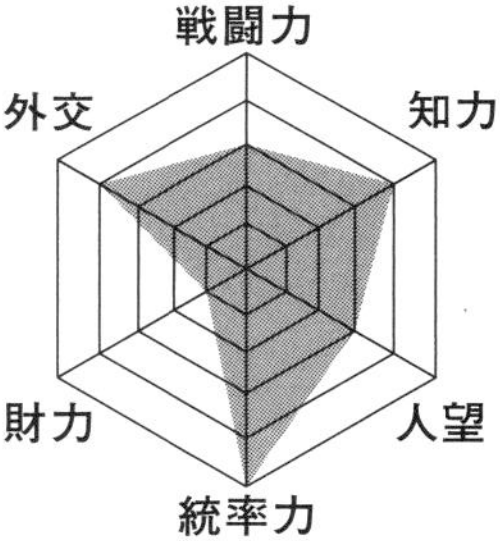

備考

尼子晴久：晴久にもそれなりに将としての資質はあった。しかし、大軍を率いるには経験が少なく、そこを戦慣れした元就や陶隆房に衝かれた。また、彼に従属した他国の将兵たちの忠誠度も低く、劣勢になると脆い。多国籍軍の大軍をしっかり掌握するには、やはり、先々代の尼子経久のような才覚が必要になってくる。

毛利元就：小競り合いに明け暮れた安芸国で揉まれて育っただけに、戦術レベルでの指揮は手慣れたもの。ゲリラ戦術で尼子の大軍をさんざん翻弄した。また、大内氏の援軍をとりつけ、安芸の国人衆などを味方につけた外交戦術も見事だといえる。この外交的手腕が吉田郡山城の戦いでの最も大きな勝因だろう。

吉田郡山城の戦い

吉田郡山城の毛利元就を攻めた尼子晴久の居城である月山富田城跡

は面白くない。そこで尼子氏を見限って主家を大内氏に鞍替えする。この頃、尼子氏も家督を相続したばかりの政久《まさひさ》が戦死するなどゴタゴタが続き、毛利氏にかまっていられる状況ではなかった。その尼子氏の混乱を利用して元就は安芸国内の勢力を拡大させたが、やがて尼子氏の側でも政久の跡を継いだ嫡男・晴久《はるひさ》の支配体制がようやく確立してくると、

「毛利を討つべし」

という声が高まってくる。そして天文9年（1540年）、晴久の強い希望もあり安芸への大遠征が決定した。晴久からすれば、若い当主の自分を安芸の国人衆が侮っているという意識が強かった。急速に勢力を拡大しつつある毛利を討つことで、自分の力量を見せつけようとしたのだ。

尼子晴久は3万人の大軍を率いて吉田郡山城を包囲したが……

最初の侵攻作戦は、出雲からの侵攻ルート上にあった備後の宍戸《しし ど》氏が元就に味方して抵抗したために、尼子軍は撤退するしかなかった。しかし、晴久は諦めずにその2カ月後には山陰道や備後、美作などから3万の大軍を集めて、西の石見方面から迂回して侵攻。中国山地を越えて、安芸の毛利領まで侵攻して元就の居城である吉田郡山城を包囲した。

急峻な郡山の全山に空堀や郭が張り巡らされた堅牢な要塞は、大軍で囲んでもそう簡単に攻略できるものではない。しかし、城兵はわずか3000人と少なく、野戦を挑んでも勝ち目は薄い。また、城内には周辺の商人や農民など6000人が避難してきていた。兵糧攻めにされて、戦いが長引くと厳しい……元就は周防の大内氏に救援を求めていたが、この援軍の到着が唯一の希望である。

尼子軍は城下の民家に放火するなどして毛利勢を挑発した。これに対して元就も400～500人程度の小部隊を出撃させて撃退。小競り合いでしぶとい抵抗をみせる。すると、焦れた尼子軍が、大軍をもって防御柵を越え城に迫ってきた。この総攻撃に対して、元就は寡兵をもって果敢に出撃。ゲリラ戦術で敵を潰走させる勝利をあげている。

攻城戦も2カ月が過ぎた頃、山間地の寒さに尼子軍の将兵の疲労は極限に達して戦意も萎えてきた。尼子側からすればその最悪な時期に、周防から大内氏の援軍がやってきた。

吉田郡山城の戦い

5カ月の長い籠城戦に耐えてついに元就は逆襲に出る！

大内氏の重臣・陶隆房《すえたかふさ》（後の晴賢《はるかた》）が率いる1万人の援軍は、吉田郡山城や吉田盆地を臨む住吉山に布陣。大内の軍旗を目にして、城内の毛利軍も奮い立った。大内軍はさらに陣を吉田郡山城に隣接した天神山へ移動して、城内の毛利勢と合同して尼子軍を攻撃する態勢をとった。

そして年が明けた天文10年（1541年）、形勢不利を悟った尼子晴久は撤退を決意して、尼子軍は陣を引き払おうとしていた。長い対陣に疲れ、士気が低下していた将兵もホッとしたに違いない。その心の隙を毛利・大内連合軍は衝いてきた。

元就は、遊撃隊として城外にあった小早川興《おき》景《かげ》や宍戸元源《もとよし》が率いた3000人の部隊と呼応して、尼子軍の右翼に布陣する高尾久友や吉川《きっかわ》興経《おきつね》の陣を攻撃。高尾勢を壊滅させる。近くにあった尼子晴久の本陣は、毛利方の奇襲攻撃に浮き足だって対応できずにいたが、元就の攻撃も吉川興経の奮戦で進撃は止まり、晴久の本陣を攻撃することはできない。しかし、ここで大内氏の援軍1万が動く。猛将・陶隆房はこの好機を見逃さなかった。尼子軍の後方に回り込み、河合川沿いを迂回。即座に軍勢を動かして、そこから奇襲攻撃を仕掛けたのだ。

ちょうど、吉川勢の踏ん張りに毛利軍が襲撃を諦めて、吉田郡山城に引き上げるところだった。晴久をはじめ尼子軍の諸将は、その毛利軍の動きにばかり気をとられている……そのタイミングで、いきなり大内軍が後方から襲撃して

合戦MVP

陶隆房（晴賢）

大内軍団最強の猛将

元就が尼子軍に突撃して敵陣の右翼が崩れたのを見て、即座に決戦を決断。戦いに参加した武将たちの中でも、その発想と用兵術の巧みさが際立っていた。この隆房の果敢な攻撃で、尼子軍は本陣が崩壊して壊滅的被害をうける。勝利をつかんだ快心の一撃、これ以上にＭＶＰに該当する活躍は見当たらないだろう。

大内氏の軍団でも最強の猛将として勇名を馳せていた隆房は、のちに晴賢と名を変えて、毛利元就と中国の覇権をかけて戦うことになる。しかし、このときは互いのことを心強い味方だと感じていたに違いない。

きたのだからたまらない。狭い山峡にあった尼子軍の本陣は大混乱で収拾がつかない状況に陥る。本陣の危機をみた尼子久幸《ひさゆき》が５００人の寡兵を率いて必死の防戦にあたり、なんとか晴久らが逃走する時間は稼いだが、奮戦した久幸は討死。尼子軍は大勢の死傷者をだして撤退した。もっとも尼子氏方は、すでに兵糧も尽きて、とても攻城戦をつづけられる状態ではなかった。尼子軍は雪の中国山地を命がらがら逃走して、本拠の出雲へ撤退していった。

この戦いでは多くの安芸国人衆が毛利元就に味方して、尼子軍の大軍を退けることができた。尼子も大内も恐るるに足らず……そんな意識が芽生え始める。二大勢力の狭間で翻弄されてきた安芸の小土豪たちが、元就のもとで結集する契機となった戦いでもあった。

勝敗のポイント

大内を味方につけて陶隆房という強力な援軍を得た元就の交渉術！

01 戦国十大合戦

河越《かわごえ》夜戦

天文十五年（1546年）

8万人の敵軍に包囲された河越城を救援すべく、北条氏康は8000人の軍勢を率いて出撃したが、10倍の敵を相手に果たして勝算は……？

8倍の大軍を粉砕した奇襲戦で
関東の旧勢力を一網打尽！
北条氏康
×
（山内・扇谷）
上杉・足利連合軍

「反北条連合軍」の結成で四面楚歌の苦境にたたされる氏康

　初代・北条早雲《ほうじょうそううん》の活躍で伊豆と相模の2カ国に強固な地盤を築いた北条氏は、3代目当主・北条氏康《うじやす》の代になると、さらに飛躍的な発展を遂げた。その版図は、関東平野の中枢である武蔵や上総、下総にまで拡がっている。

　関東はもともと貞和5年（1349年）鎌倉公方に任命された足利氏により統治されていたのだが、関東の独立を欲する公方・足利成氏《しげうじ》が室町幕府と対立したために、幕府はこれを罷免《ひめん》して長禄2年（1458年）、新たな鎌倉公方として足利政知《まさとも》を派遣した。しかし、足利成氏も下総の古河を本拠に関東へ居座りつづけて、「我こそは正統なる鎌倉公方である」と、対決姿勢をみせる。このため新公方・政知は伊豆の堀越に留まったまま。関東の中央部にまでその力は及ばない。ここに古河公方と堀越公方という2つの権力が並立することになる。

　また、その公方の補佐役である関東管領の上杉家でも、扇谷《おうぎがやつ》上杉家と山内《やまのうち》上杉家がその正統を争って抗争を繰り広げていた。

　2つの公方家と管領家がその正統を互いに争うねじれ現象……関東各地の豪族もこの複雑怪奇な権力抗争に巻き込まれ、各地で戦闘が多発。もはや無政府状態で収拾のつかない状況だった。

　この混乱を利用して堀越の公方を滅ぼし、伊豆を奪ったのが北条氏初代の早雲である。北条氏はその後も、公方や関東管領の抗争を巧みに利用して関東有数の大勢力に成長した。しかし、出る杭は打たれる。権力抗争に明け暮れる旧勢

両軍戦力比較表

北条軍	VS	山内&扇谷上杉家・足利連合軍
伊豆、相模の一部など	領国	武蔵、上総、下総など関東の大半
約30～40万石	石高	約200万石
北条綱成、多目元忠など	主な武将	上杉憲政、上杉朝定、足利晴氏など
11,000人	動員兵力	80,000人
	装備	
	補給力	
	精強度	
	士気	
北条氏康		上杉憲政
三つ鱗 	総大将の家紋	竹に二羽飛び雀 
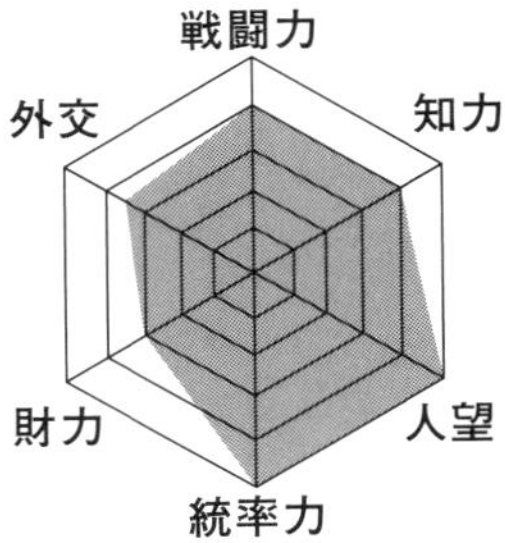	総大将の能力値	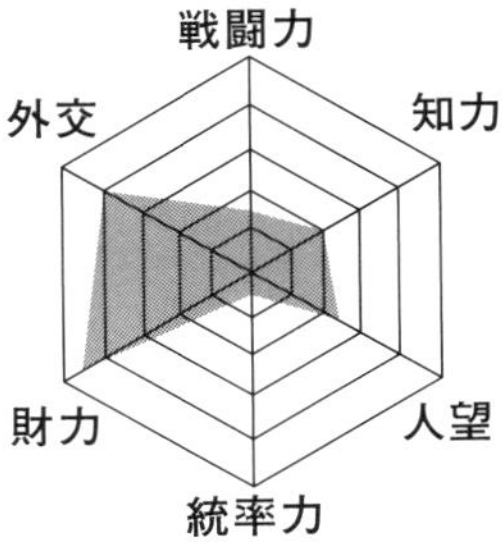
のちに外交上手として評価される氏康だが、このときは四方に敵対勢力をつくり、外交的には手詰まりだった。しかし、この危機的状況でも敵方に寝返る配下はいなかった。その統率力はなかなかのもの。	備考	総大将は反北条連合軍の結成をリードした上杉憲政。諸将連合ゆえ、統率力はなきに等しかった。憲政のために命をかけて戦おうという諸将は皆無。関東管領の威光も、この頃はすっかり通用しなくなっていた。

力の各派も、この急成長する新参者を警戒して、やがて共闘してこれを滅ぼそうという動きがでてきた。

天文14年（1545年）、駿河の今川義元が、北条氏康から奪われた駿河と相模の国境にあった長窪城を奪回するため出兵すると、関東管領・山内上杉家の憲政《のりまさ》は、

「これは好機、今こそ北条氏を関東から追い出してやる！」

と、管領職を争ったライバルである扇谷上杉家の上杉朝定《ともさだ》を誘って共同戦線を組んだ。さらには古河公方の足利晴氏《はるうじ》など、関東の旧勢力が揃ってこれに参画。旧勢力の連合軍はみるみる8万人といわれる大軍に膨れあがった。そして、北条氏が武蔵攻略の拠点として重視していた河越城（埼玉県川越市）を包囲する。

大軍に囲まれた河越城を救出すべくついに北条軍団は武蔵へ進撃する

河越城（川越城とも呼ばれる）は、もともと扇谷上杉家の本拠だったが、大永5年（1525年）に2代目当主・北条氏綱《うじつな》によって攻略されたものである。武蔵国のほぼ中心にあり、陸路や水運にも恵まれている。関東平野を制するには最適の立地である要衝。もともと古河公方の勢力圏との接点にあったことから、領国の防御拠点として堅牢に築かれている。広々とした田園地帯にある平城ながら、周辺は湿地に囲まれ、これが天然の外堀となって敵の侵攻を防いだ。その難攻不落ぶりから「関東七名城」のひとつにも数えられていた。

この河越城に篭って、両上杉家や関東公方の

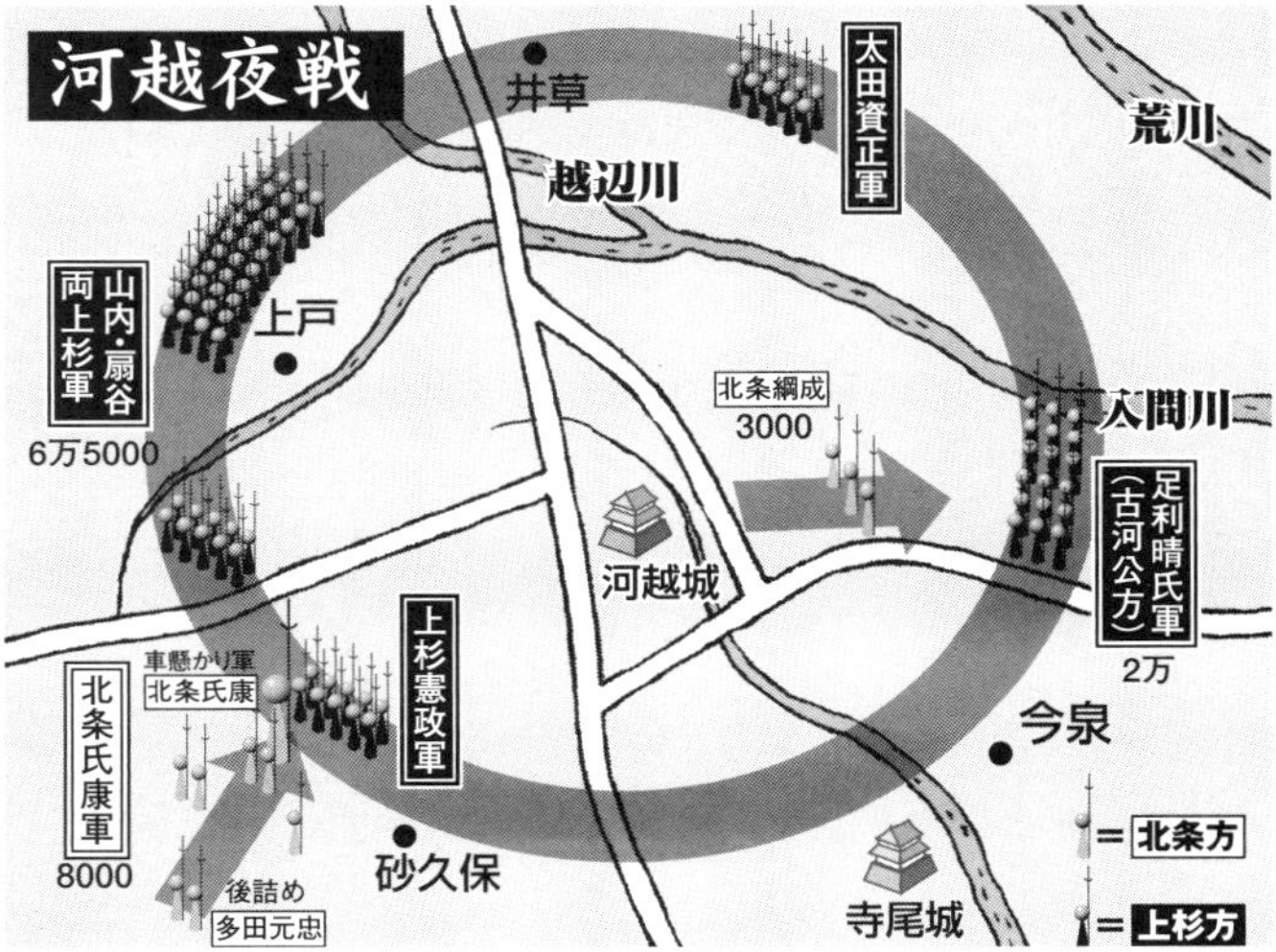

子の刻（午前0時〜2時くらい）に北条氏康軍が夜襲をかける。それに合わせるように場内からも綱成の軍勢が出撃。足利晴氏の本陣を攻撃して潰走させた

大軍と対峙したのが、氏綱の娘婿として北条氏一門にくわえられた北条綱成《つなしげ》である。常に北条軍先鋒として戦い、無類の強さで敵を粉砕してきた猛将。あの武田信玄でさえ、その武勇を警戒したという。黄色の布地に八幡大菩薩の旗印を掲げて、

「勝った、勝った！」

と、絶叫しながら敵陣を突破する姿は敵の間でも有名で、〝地黄八幡〟の異名で恐れられていた。当時の当主・氏康とも強い信頼関係で結ばれている。実力も申し分なく、また、信頼厚い一門衆であるだけに裏切りも考えられない。しかも、それが難攻不落の河越城に篭城されては……8万の大軍といえども、これを力攻めで攻略するのは難しい。連合軍も長期戦の構えで、河越城を囲み、兵糧攻めを図った。

東明寺境内にある河越夜戦跡の石碑。この辺りが激戦地跡といわれている

いかに猛将・綱成といえども、河越城に篭るのは3000人の寡兵。8万の大軍に野戦を挑んでこれを駆逐するのは不可能である。かといって、このまま篭城していても、いずれは兵糧が尽きて餓死することになる。唯一の望みは、小田原城にある氏康による救援なのだが、この頃、北条氏の後背には駿河の今川義元、甲斐の武田信玄といった強敵があり、虎視眈々と小田原を狙っていた。まさしく四面楚歌の状況にあり、綱成も氏康もここが我慢のしどころだった。

　そしてこのとき、2人が短慮に走って捨鉢《すてばち》な行動に出なかったのが、最良の結果を生むことになる。綱成は半年間にも及ぶ苦しい篭城戦に耐え、河越城を守りきった。その間に氏康は、駿河との国境にある砦を補強。万全の防衛体制を整え、後顧の憂いを絶つことができたのだ。

8倍の軍勢に怯える氏康……しかし、それは大作戦への布石だった！

そして、翌年の天文15年（1546年）になると全兵力を率いて河越城の救援に向かう。氏康は河越城にほど近い武蔵国入間川河畔に進出して布陣したが、率いた兵は8000人、河越城に篭る3000人を加えても北条軍の兵力は1万人をわずかに越えた程度、その8倍にもなる連合軍とまともに戦っても勝算は低い。

勇壮に出撃したものの……強大な敵を前に途方に暮れているといった感がある。実際、敵方の将兵もそう思って楽観していた。

氏康はここで連合軍の盟主である古河公方の足利晴氏に使者を送り、

「河越城に篭る将兵の命をお助けくださるならば、城も領地もすべて献上いたします」

と、無条件降伏の意志を伝えてきた。しかし、勝利を確信した晴氏は、

「いまさら遅いわ、城も領地も力で奪ってやる。城兵は残らず皆殺しだ！」

と、これを拒絶。氏康は同様の嘆願を上杉憲政と上杉朝定の両上杉家にもしているが、こちらも鼻で笑われただけである。

そして、氏康の弱腰の態度を見て、

「この戦い、勝ったも同然」

連合軍の諸将はそう確信した。そして、かさにかかって入間川の対岸にあった北条の陣営に攻撃をくわえる。氏康はこれに抗戦することなく、後方に撤退してしまう。

「北条氏康は、どうしようもない腰抜けよ」

これで、連合軍はもはや完全に彼を舐めてか

かった。しかし……氏康は、決して腰抜けではない。むしろ、その資質は初代の北条早雲に勝るとも劣らず。後に「氏康傷」と呼ばれ近隣の諸将を恐れさせた傷だらけの体は、すべて敵の刃を正面から受けたものである。どんな強敵にも逃げて背中を見せたことはない。知略に優れながら、また、剛勇な性格でもあった。

そんな男が、戦う前から降伏するわけがない。すべては周到な策略によるものである。8倍の兵力差の大軍とあっては、もはや正攻法でこれに勝利することは難しい。敵の虚を衝いた奇襲攻撃に賭けるしかなかった。当初からそれが北条側の戦略方針である。奇襲を成功させるには敵の油断が必要だ。すでに圧倒的な兵力差を誇る敵は、北条方に負けるはずがないと過信している。また、長期間の包囲戦により、すでに敵軍の士気は緩みきっていた。陣中に遊女や芸人を呼び入れて、遊びに興じる部隊まであったという。そのため北条方の間者は容易に敵陣に忍び込むことができて、連合軍の情報は筒抜けだった。

8倍の敵軍を各個撃破する電光石火の奇襲作戦が決行された!

氏康はこの状況にほくそ笑んだことだろう。あるいは、出撃までに半年の準備期間を要したのも、敵を油断させるための策略だったとも思えてくる。

氏康はこの後も、さらに弱腰を装った偽装工作をおこなっている。念には念を入れて、いくじがない姿勢を貫いたのだ。徹底的に自分のことを腰抜けと思わせるように、敵が攻めてくる

河越夜戦

念には念をいれて相手を油断させ、一気に討って出た氏康。油断しきっていた相手は怯み、あっという間に雌雄は決してしまった！

典型的な平城であった河越城。幕末の本丸御殿の一部が現存している

たびに、戦いを避けて兵を後方に退けてしまう。ついには小田原に撤退してしまった。ここまでやれば、もはや誰も疑わない。

「何度、軍勢を連れてやってきても、腰抜けの氏康は逃げることしかできない。もはや北条の軍勢は捨て置いて、河越城の攻撃に集中すればよいのではないか」

連合軍はいよいよ北条を見くびった。その話は、商人や遊女などに扮装して敵陣に潜入した間者から氏康にも伝えられる。

「機は熟した」

ここで氏康もついに決断する。再び小田原城から軍勢を率いて出撃、入間川河畔に進撃してくるが、どうせまたすぐに逃げる……と、連合軍はこれにまったく注意を払わない。しかし、今回は違っていた。

01 河越夜戦

「今夜、河越城を囲む敵に夜襲を決行する」

野戦は初代の早雲以来、北条氏のお家芸でもある。

天文15年（1546年）、氏康は8000人の全軍を自ら率いて敵陣に襲いかかった。北条軍の兵士はできるだけ動きやすい身軽な服装となっている。また、敵将を倒しても首を狩ることを禁じてもいた。奇襲攻撃の成否はいかに迅速に行動できるかにかかっている。敵の戦闘準備が整う前にこれを壊滅させなければ勝ち目はない。そのため、首を落とす時間さえも惜しんだのである。

氏康に率いられた北条軍は、まず、連合軍の本営ともいうべき関東管領・上杉憲政の陣に殺到した。見張りも不徹底で寝入っていた上杉の陣営では、北条軍の攻撃によって大混乱に陥り壊滅。さらに、氏康は間髪入れず上杉朝定の陣へ攻撃をくわえる。こちらもすっかり油断していたために、まともに抵抗することもできずに当主の朝定は戦死してしまう。連合軍は大軍とはいえ、河越城を包囲するために広い地域に分散していた。そのため北条方はこれを各個撃破することに成功したのである。

この頃、河越城に篭る北条綱成も、氏康の攻撃を知って奮い立つ。今が好機と、3000人の兵を率いて城から打って出た。苦しい篭城戦でのストレスを発散するように、足利晴氏の陣へ激しい攻撃をくわえる。

「勝った、勝った！」

地黄八幡の旗を翻して綱成が猛然と攻め込んでくる。2万の大軍を要していた足利晴氏の陣営はすっかり浮き足だって、寡兵の綱成の軍勢に翻弄され、ついには総崩れとなって逃走してしまう。他の将兵もまた、これにつられるように先を争って逃亡してゆく。8万の軍勢は完全に壊滅してしまった。

存亡の危機のなかで決死の戦いを挑んできた北条方に対して、しょせんは数を頼りに加担してきた烏合《うごう》の衆なだけに、その結束力は弱い。強力な一撃をくわえられると、抗う気力もなく我先に逃走してしまう。氏康はそんな連合軍の本質を読んでいたのだろう。

自分のキャラクターをよく把握して立案された「必殺の奇襲作戦」!

総崩れとなった連合軍は四散して逃走。それをあらかじめ準備しておいた遊軍の別働隊に攻撃させる。氏康はどこまでも準備周到である。残敵掃討により敵の被害はさらに拡大して、戦死者の数は1万3000人にものぼった。

8倍の戦力差の敵に対して、みごとな完勝。これによって氏康は武蔵国全域を版図にくわえて、勢力圏は飛躍的に拡がった。

逆に両上杉家や足利家の力は急速に衰え、その求心力は低下してゆくことになる。まさに関東の盟主が関東管領や公方といった旧勢力から、北条氏へと変わるターニングポイントとなった瞬間であった。

河越夜戦は桶狭間合戦、厳島合戦とならんで後に「日本三大奇襲戦」のひとつに数えられ、勝者である北条氏康の勇名は全国に鳴り響いた。

〝相模の虎〟と近隣諸侯が氏康を恐れるようになったのも、この戦いからのこと。

氏康は統治能力や外交手腕にも優れ、この後、

合戦MVP

北条綱成

篭城戦を耐え抜いた猛将

8万人の大軍に囲まれながら、数カ月におよぶ篭城戦に耐え抜いた北条綱成。彼の頑張りが氏康に奇跡の勝利を呼び込んだといえる。もし、途中で落城していれば、氏康の周到な仕掛けも意味がなくなってしまっただろう。

また、氏康も「綱成なら長い篭城にも耐えるだろう」と絶大の信頼をよせていたからこそ、じっくりと時間をかけて敵に罠を仕掛けることができたのだ。

さらに、氏康の奇襲攻撃後はすぐに呼応して、城兵を率いて出撃。攻守ともに一番の活躍をみせた最高殊勲選手である。

関東全土を支配する北条王国を築くことになる。北条氏五代のなかでも最高の名将として、同時代の武将である武田信玄や上杉謙信とならび高く評価されている。

しかし、もしこの評価が河越夜戦の以前から彼に与えられていたら、果たしてあれだけみごとな奇襲戦が成功しただろうか?

おそらく、敵陣営はもっと氏康を警戒したことだろう。家督を相続したばかりで、実績もなく評価の低かった時代の氏康だったからこそ、実行できた作戦だったのかもしれない。

奇襲戦を成功させるには、その将のキャラクターもまた重要な要素となる。おそらく、氏康は当時の自分の世評をよく知ったうえで、この作戦を実行したのだろう。「己を知る」――これも戦いに勝つためには必須の条件だ。

戦場最強武将列伝①

島津義弘

「鬼石曼子《グイシーマンズ》」

しまづ よしひろ／天文四年（1535）－元和五年（1619）

天下人・徳川家康も恐怖した猛将・義弘の関ヶ原中央突破！

長男の義久を頂点にした4兄弟のチームワークで、島津氏は九州を制覇した。戦国時代最強といわれる戦闘集団をつくりあげたのは、軍事面を担当した次男・義弘の手腕によるところが大きい。「九州の桶狭間」といわれた元亀3年（1572年）の木崎原の戦いでは、10倍の兵力で攻めてきた日向の伊東義祐に大勝。釣り野伏せり戦法を成功させた指揮官としての力もさることながら、自ら先頭にたって戦士として戦った。この激しさが猛将と呼ばれる所以だろう。また、島津氏が秀吉の軍門に降ってからは、島津氏の外務大臣として豊臣政権との外交交渉をおこなっている。政治力もそれなりにあった。

しかし、義弘の凄さを世間が知るのはこの後……文禄・慶長の役では島津軍の司令官として朝鮮半島へ出兵した。この時の戦いぶりが凄まじい。藤堂高虎と協力して朝鮮水軍に大勝すると、続いては20万人といわれる朝鮮・明連合軍と泗川《しせん》で戦い、700

0人の寡兵でこれに大勝。義弘率いる島津軍の猛攻に、敵は約4万人もの戦死者を出して壊滅した。以来、朝鮮や明の兵は「鬼石蔓子《グイシーマンズ》（鬼の島津）」と呼んで、義弘の軍勢を恐れたという。この泗川の戦いは、徳川家康も「前代未聞の大勝利」と呼んで賞賛したという。

その家康もまた義弘の猛将ぶりに恐怖させられた。慶長5年（1600年）の関ヶ原合戦、西軍に加担した島津軍はわずか1500人。10万人の東軍軍勢であふれかえる敵中に孤立していた。ここで義弘は家康本陣の横をすり抜けて、大胆にも敵陣の中央突破を図った。義弘を逃がすため命を捨てた島津の兵たちが、追撃してくる敵軍に猛烈な反撃をくわえている。

「やっぱり、島津は恐ろしい」

家康は島津氏の取り潰しは困難と悟る。関ヶ原で義弘がみせた敵中突破が、家康に島津氏への恐怖を植えつけたのである。

秀吉や家康が島津氏を取り潰すことなく存続させたのは、義弘の武略を恐れたからともいわれる。戦闘指揮官としての実力は、日本でも最強クラスだろう。

02

戦国十大合戦

厳島《いつくしま》の戦い

弘治元年（1555年）

毛利元就×陶晴賢

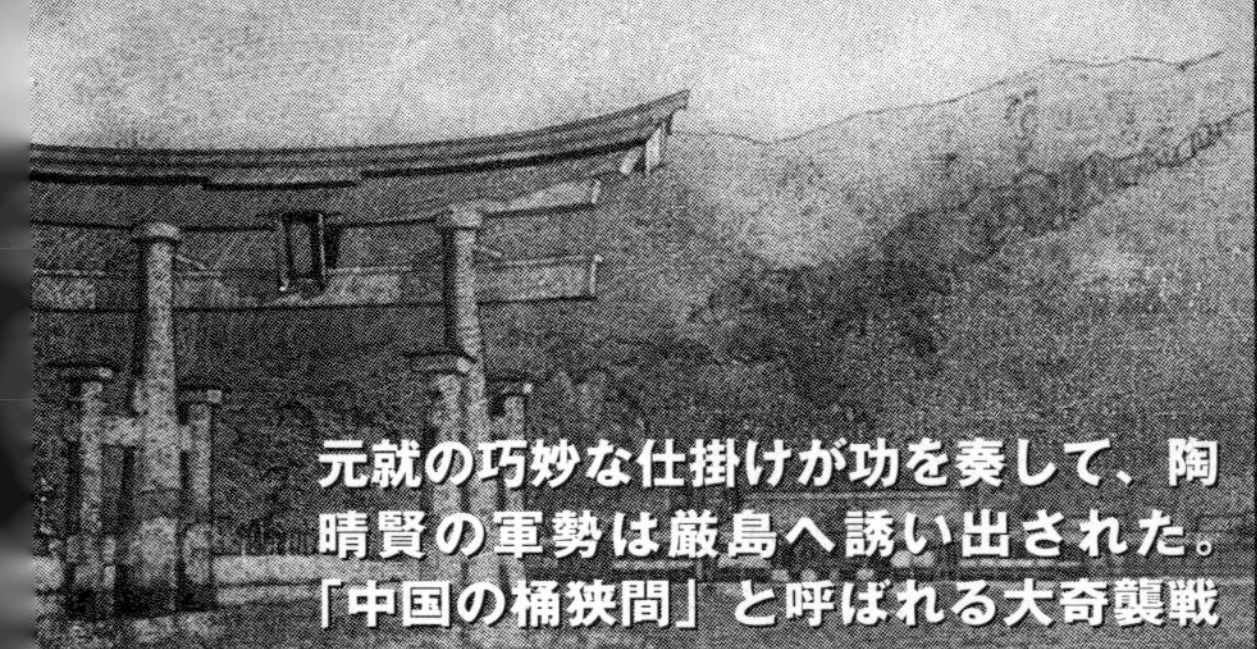

元就の巧妙な仕掛けが功を奏して、陶晴賢の軍勢は厳島へ誘い出された。「中国の桶狭間」と呼ばれる大奇襲戦の真実とは……!?

謀略を駆使して陶晴賢の大軍を厳島へ誘い込む！

頼りになるサポーターを失って元就もいよいよ自立を決意する！

戦国時代初期の中国地方は、山陰地方の尼子氏と周防・長門に地盤をもつ大内氏という2大勢力が争い、その他の小大名や土豪はそのいずれかの陣営に臣従していた。安芸国の吉田郡山城を本拠とする毛利家も、そういった弱小勢力のひとつだった。しかも、この毛利氏の領地である芸北地方は尼子氏と大内氏の勢力圏の境界にあり、どちらの陣営に加担しても真っ先に攻撃をうける厳しい場所……そのため折々の状況を分析しながら、尼子方に与したり大内方に寝返ったりを繰り返していた。

ひとつ状況を読み間違えると、毛利氏のような弱小勢力はすぐに滅亡の危機に見舞われる。代々の当主は難しい舵取りを要求されたのだ。

なにごとも慎重で策略を好む毛利元就の食えない性格も、こうした弱小時代の苦労がつくりあげたものかもしれない。しかし、その毛利氏にも飛躍のチャンスが訪れる。大永3年（1523年）に27歳で家督を相続した元就は、尼子氏3万の大軍を篭城戦で退けた吉田郡山城の戦いで勇名を馳せる。しかし、この勝利も大内氏の援軍に頼るところが大きい。この時、毛利氏救援に駆けつけた大内軍の将が陶晴賢《すえはるかた》（当時は隆房《たかふさ》を名のっていた）であるというも、不思議な縁ではあった。

元就はこの後も、大内氏の後盾を利用しながら、周辺の豪族を次々に屈服させて安芸国の支配権をほぼ確立。大内氏や尼子氏に次ぐ、中国地方の第三勢力となりつつあった。そして、い

両軍戦力比較表

毛利軍	VS	陶軍
安芸国のうち半国程度	領国	周防、長門など5カ国
10〜15万石	石高	100万石以上
4,000人	動員兵力	25,000人
	装備	
	補給力	
	精強度	
	士気	
主な武将：毛利元就、毛利隆元、小早川隆景、吉川元春、村上武吉など	主な武将	主な武将：陶晴賢、弘中隆包、三浦房清、伊香賀民部など
毛利元就		陶晴賢
 一文字に三つ星	総大将の家紋	 唐花菱
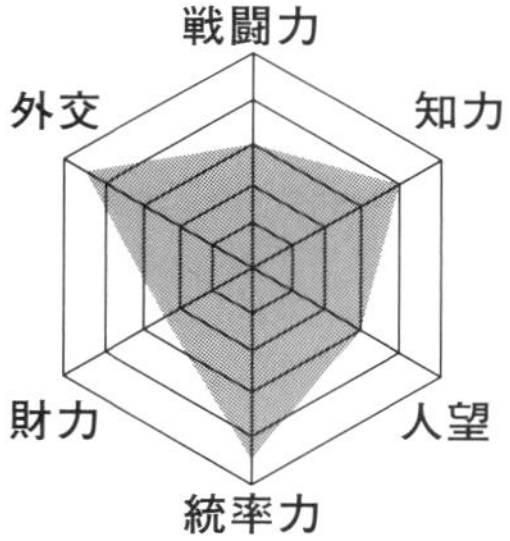	総大将の能力値	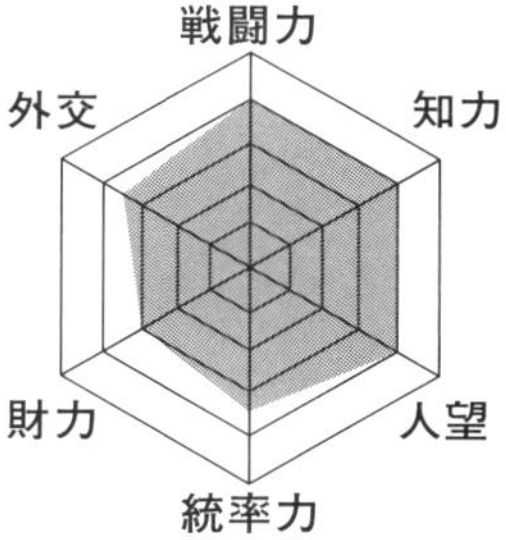
謀略好きな根暗タイプだけに、必ずしも人望は高くない。しかし、尼子氏などの大軍を何度も退けてきた戦闘指揮力は卓越したものがある。また、指揮下には吉川元春、小早川隆景といった実子にして優れた武将もいた。	備考	「主殺し」という暗いイメージはあるが、晴賢はずば抜けた器量のある武将。人心もそれなりに掌握していた。戦場での経験も豊富で、西国の諸将からは「猛将」のイメージで恐れられてもいた。

よいよ大内氏の傘下を離れて戦国大名として自立しようとした矢先の天文20年（1551年）、苦渋の半生でポーカーフェイスがついた元就でさえ、

「まさか……」

と、驚きを隠せなかった大事件が起きた。

これまで、元就を後盾としてサポートして良好な関係を築いていた大内氏の家中でクーデターが勃発、重臣の陶晴賢が挙兵して当主の大内義隆を殺害してしまったのである。この暴挙に家臣団が騒然となっている間に、晴賢は次々に大内氏嫡男の義尊《よしたか》や家中の敵対勢力を抹殺、豊後の大友からの養子である義長を傀儡《かいらい》の新当主に擁立して大内家を乗っ取ってしまう。

さすがに晴賢、このあたりは並の武将ではない。やることは迅速で手際がよかった。

得意の策略を駆使して百戦錬磨の陶晴賢を罠に嵌める

しかし、抜け目のなさでは元就も晴賢に負けてはいない。大内家中がゴタついている間に、安芸国内の旧大内領に版図を拡げていった。

当然、晴賢と対立することになる。急成長中とはいえ安芸一国もすべては掌握していない毛利氏と、大内氏の版図を残らず強奪した陶氏との力の差は歴然としている。晴賢がその気になれば2〜3万の兵を動員するのも簡単である。元就がいくら頑張っても、その動員兵力は5000に満たない。尼子氏の大軍を退けた時は、大内氏という強力なサポーターの存在があったのだが、今回は孤立無援。用心深い元就にしては、かなり危険な賭けに出たものである。

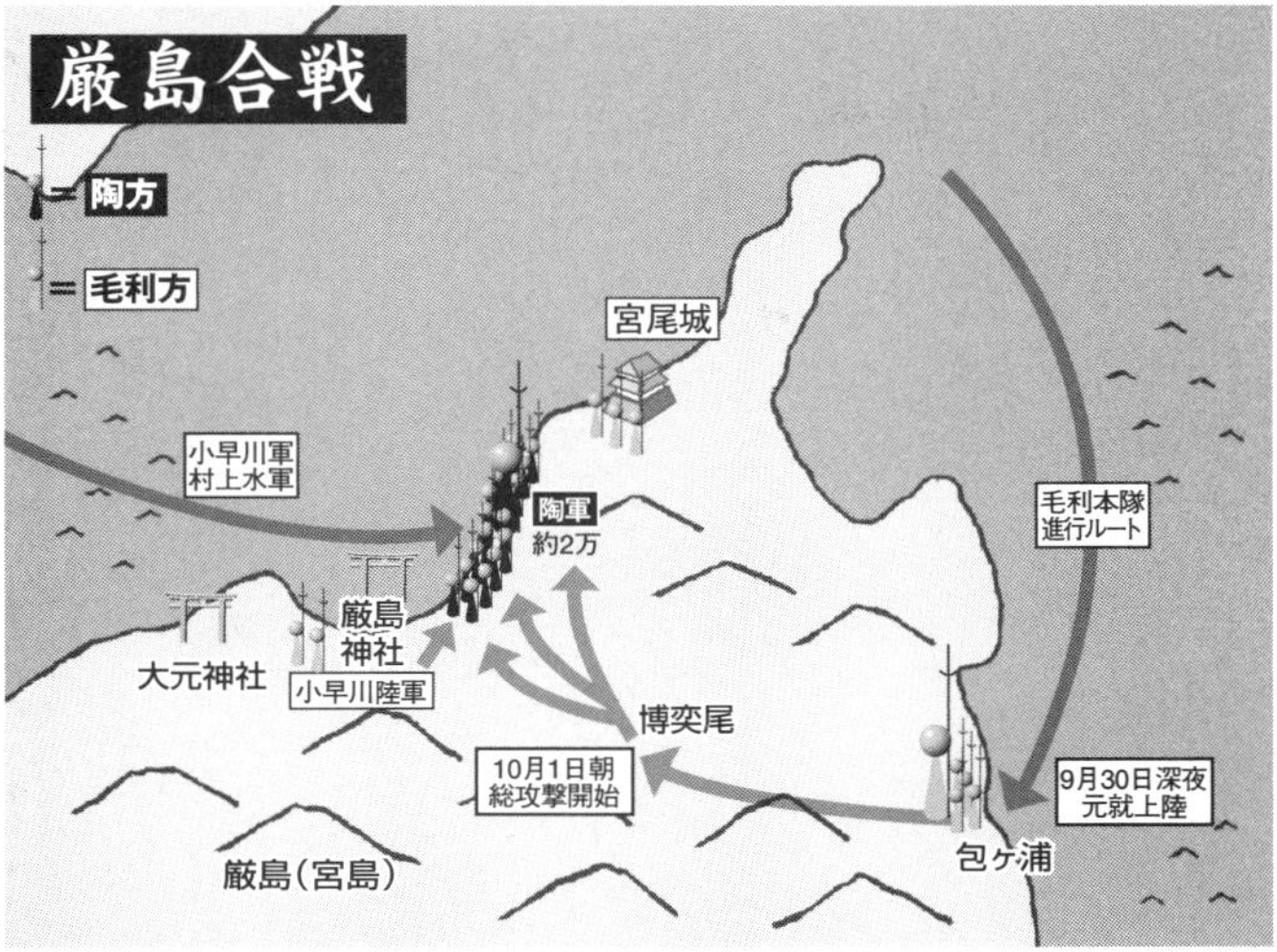

宮尾城を陶軍2万が包囲。宮尾城が持ちこたえている間に、夜陰に乗じて毛利軍5千が厳島に上陸。夜明けとともに陶本陣の裏山から突撃。陶軍を殲滅した

果たして勝算はあるのか?

陶陣営との兵力差は5倍以上、しかも敵は大内氏が長年蓄積した富もあり、軍資金や装備も充実している。下克上など日常茶飯事、実力主義の戦国時代である。主君を殺した晴賢の暗い過去など問題にする者は少ない。むしろ長年の間、宰相として大内王国の舵取りをしてきた力量は誰もが認めるところ、クーデター後も家中の人心はしっかり掌握している。

また、勇将としても名を馳せた戦上手でもあり、戦闘指揮官としての能力も元就より上との評価が当時の常識だった。

つけいる隙はまったくない……しかし、元就の年齢はこの時、すでに59歳。当時としては老境の域である。彼が安芸の一国人領主から戦国大名として大きく飛躍するには、これが最後の

海上より厳島を望む。嵐のなか、毛利軍はここに「まさかの上陸」を果たした

チャンスだった。ここはイチかバチか、やるしかない。

「奇襲以外に勝算はない」

冷静に分析した結果、彼はそう結論づけていた。敵の油断を誘って千載一遇のチャンスに賭ける。それが元就の戦略だった。

同様に奇襲攻撃で大敵を鮮やかに葬った武将に、北条氏康がいる。奇襲の成功は1日にしてならず。氏康などは敵の油断を誘うために、戦う前から時間をかけて様々な小細工をおこなっているのだが、元就の場合、これがさらに熱心で緻密だった。

もともと我慢強く、繊細な面がある。また、謀略を好む性格でもあったようだ。もし元就が短慮な性格の武将だったら、奇襲攻撃を成功させることはできなかっただろう。

秘策を成功させるためには敵の信仰心をも利用する

奇襲攻撃で一気に本陣をついて敵将・陶晴賢の首を獲る。そのためには、晴賢が自ら全軍を率いて侵攻してくる状況をつくらねばならない。そこで元就が目をつけたのが厳島《いつくしま》（宮島・広島県廿日市市）である。広島湾口にある海上交通の要衝で、安芸を攻めるにも、また、安芸から晴賢の本拠である周防を攻めるにも水軍の出撃基地として利用できる戦略上の要地だった。

また、厳島は平清盛が造営した厳島神社のある神域でもある。晴賢はこの神社を自分の守護神として崇めていたという。彼が出陣するときには、必ずこの神社で戦勝祈願をするのが恒例だった。

「この島を奪えば、晴賢も黙ってはおれまい」

必ず、自ら軍勢を率いて奪還に来るはず。元就はそう読んだ。勝利のためなら敵の信仰心をも利用しようというのだ。

元就はさっそくそのアイデアを実行に移す。弘治元年（1555年）の春、厳島の玄関口にあたる船着場の有の浦湾に軍勢を上陸させて島を占拠すると、湾の要害である岬の上に宮尾城を築城した。晴賢もこれには焦ったことだろう。しかし、元就はさらに念には念を入れて謀略を仕掛ける。

「厳島に城を築いたのは失敗だった。もしこの城を敵に奪われたら、毛利家は滅亡だ」

憔悴《しょうすい》しきった表情で弱音をはいた。元就の言葉は、毛利陣営に潜伏していた敵の間者によって晴賢に伝えられる。しかし……それは、元就の演技。晴賢の耳にわざと入れて、厳島に誘い出すために喋ったものである。

さらに元就は重臣の桂元澄《かつらもとずみ》に、自分を裏切ったふりをして陶（大内）方につくように命じる。そして晴賢に謁見した元澄に、

「毛利の水軍力は弱く、船も少ないのでとても広島湾の制海権は維持できません。元就は城を築いたことを悔いて、陶軍が厳島へ侵攻してくることを恐れています」

こう進言させた。

ここまで手の込んだ謀略を仕掛けられては、さすがに経験豊富で用心深い晴賢でも、すっかり信じてしまう。

「そうか、毛利方の水軍力は弱いのか……」

この情報が、晴賢に出陣を決断させた決め手となった。それに比べて大内氏の水軍は強力だった。瀬戸内海西部の制海権は完全に掌握している。それだけに、彼は水軍の戦いには絶対の自信をもっていた。

たしかに毛利方の水軍力は弱かった。だが、元就はすでに水面下で画策して、その弱点を修正している。彼は密かに因島、能島、来島の村上水軍と交渉して協力の約束を取りつけている。毛利方が瀬戸内海でも最大最強の海上戦闘技術を誇る海賊衆を味方につけて、その海軍力が逆転していることを晴賢は知らなかった。この村上水軍との交渉を秘密裏に成功させたことも、勝利の大きな要因だろう。

随所に仕掛けられた元就の謀略は、晴賢を逃げ場のないアリ地獄へと誘い込む。

「元就のヤツに引導を渡してくれる！」

晴賢は勇んで本拠の山口より厳島をめざして

厳島の戦い

毛利軍は嵐のなか、夜陰に乗じて果敢にも厳島に上陸。暴風と豪雨が上陸する兵たちの足音を消し、天候までが毛利に味方した

陶晴賢が初めに陣を置いたといわれる厳島神社多宝塔

出陣した。動員兵力は2万5000人、兵たちの士気も旺盛である。豊富な食料や戦略物資は精強な水軍によって、その補給ルートも盤石に守られている。どこにも弱点はない。

厳島の宮尾城を落とせば、そこを前線基地にして、一気に元就の本拠である吉田郡山城を攻略するつもりだった。

「天は我に味方した！」暴風雨に紛れてまさかの上陸

晴賢の軍勢は厳島に無血上陸を果たした。自領である岩国付近から500隻といわれる大船団を繰り出して、大兵団を迅速に厳島へ移動させたのである。そして、宮尾城を包囲してさっそく攻撃にかかった。

一方、元就も行動を開始した。厳島の対岸にあるる本土の草津城に軍勢を集結させたが、しかしその数は４０００〜５０００人程度。兵力差は歴然としているうえに、制海権も陶水軍によって掌握されている……と、思われていた。少なくとも晴賢の陣営はそう判断して、

「元就は宮尾城を見殺しにするだろう」

絶対に毛利勢は厳島には渡海してこない。そう判断した晴賢は、目と鼻の先の対岸にいた元就の軍勢への注意を怠っていた。だが、元就には頼りになる援軍の存在があった。やがて、密かに毛利方と同盟を結んでいた村上水軍の援軍３００隻が廿日市沖に現れた。これで数の上では陶の水軍に対抗できる。

そして数日後の夜、元就は奇襲作戦を決行した。この日は暴風雨で海は大荒れ。渡海にはかなりの危険が伴う。ゆえに、陶陣営にも「まさか」という思いがあった。また、大雨のために視界は効かず、島へ接近する大船団の姿を隠してくれる。暴風と豪雨が上陸する兵たちの足音も消してくれるだろう。練りに練った奇襲作戦をさらに効果的にしてくれる天候である。元就はほくそ笑んだことだろう。

「この暴風雨こそ、天が我らに与えてくれた幸運。敵は油断しているに違いない。まさに出陣の好機ではないか！」

悪天候に怯む部下たちを叱咤《しった》して、作戦を強行させた。この海を無事に渡ることさえできれば、作戦はほぼ成功と思って間違いない。また、元就は村上水軍の優れた航海術に絶大な信頼を寄せていたともいわれる。

横殴りの強風、荒れる海を船頭たちは絶妙な櫂《かい》さばきで厳島めざして進む。ほとんど脱落船

を出すことなく、元就が率いる主力部隊は包ケ《つつみ》浦に上陸する。ここから目の前に立ちはだかる山塊を越えれば、厳島の中心地である有の浦があり、そこには宮尾城とそれを囲む晴賢の大軍がいる。また、元就の三男である小早川隆景《こばやかわたかかげ》が率いる別働隊は夜陰に紛れて、陶水軍の軍船であふれる有の浦湾に侵入、敵船に紛れて身を隠しながら合図を待っていた。

宿命のライバルを倒して西国最大の大名に急成長！

翌日の早朝、元就の本隊は山塊を越えて有の浦の後背に到達した。朝日に照らされて、朱色の厳島神社の社殿が映える。宮尾城を囲む陶の軍勢や湾内にあふれた軍船も一望のもとに見渡せる。敵は毛利軍の上陸に気付かず、まだ寝入っている様子……この朝焼けの光景を眺めたとき、元就は勝利を確信したに違いない。一斉に大声を張りあげて、山上から逆落としに陶陣営に殺到した。

いきなり矢と鉄砲の雨が降ってきて、陶軍の将兵は狼狽する。まったく状況がのみ込めないうち、突入してきた毛利勢に切り伏せられていった。また、密かに有の浦に侵入していた別働隊の小早川隆景の軍勢も敵陣に殺到、さらに沖合に待機していた村上水軍も湾内の陶水軍に攻撃を仕掛けてきた。狭い湾内の平地に密集していた晴賢の軍勢は、元就と隆景の軍勢に包囲されて袋叩きにあい、陣中は凄惨な状況。戦場となった厳島神社の社殿も真っ赤な血に染まる。

もはや反撃も不可能。指揮系統も寸断され総崩れとなり、敗軍の陶勢は西側に広がる弥山《みせん》の

合戦MVP

村上水軍

制海権掌握が作戦成功条件

毛利元就に「1日だけの味方をお願いしたい」と請われ、毛利の陣営に加勢。決戦の前夜、暴風雨の海を毛利勢が無事に厳島へ渡れたのは、村上水軍の操船能力によるところが大きい。

また、戦闘が始まると、厳島にあった陶氏の水軍を攻撃して殲滅。厳島周辺の制海権を奪い、陶晴賢の逃亡を防いだ。毛利元就の厳島での奇襲作戦成功は、すべて瀬戸内最強の村上水軍を味方につけたことによるところが大きい。

村上水軍はその後も毛利氏との同盟関係を続けて瀬戸内海全域に勢力圏を拡げていった。

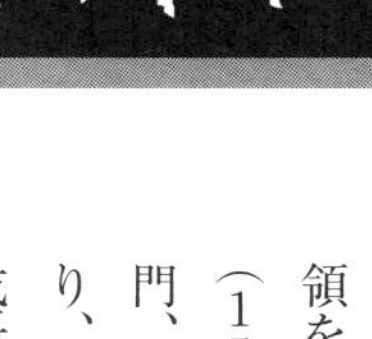

原生林へ逃走していった。

しかし、逃げようにもそこは外界から隔絶された孤島。軍船を焼き払われ、敵水軍により包囲されて袋のネズミである。晴賢も脱出用の船を求めて彷徨《さまよ》うち、

「もはや、これまで」

と、毛利勢に追い詰められて自刃した。

陶軍はすでに４０００人以上の戦死者をだして壊滅している。陶晴賢の戦死により、求心力を失った大内氏は、急速に弱体化。不安にかられた領内の豪族は毛利陣営に走る。大内氏の旧領を併合した元就の版図は拡がり、弘治３年（１５５７年）に大内氏は滅亡。安芸、周防、長門、石見といった領地はすべて元就のものとなり、ついに毛利氏は中国地方随一の巨大勢力に成長する。

勝敗のポイント 奇襲攻撃を成功させるために周到な謀略を仕掛けたこと！

戦国十大合戦

03

桶狭間《おけはざま》の戦い

永禄三年（1560年）

「天下布武」の出発点となった
奇跡的な大勝利！

織田信長×今川義元

今川義元の大軍が尾張へ侵攻。絶体絶命のピンチに、信長は寡兵を率いて出撃……はたして5倍の大軍を相手に勝算はあるのか!?

日本最強の大名・今川義元が上洛の軍を率いて尾張へ侵攻！

永禄3年（1560年）の時点で、今川氏の勢力は飛び抜けて強大だった。駿河、遠江、三河の3カ国を完全に掌握し、2～3万の動員兵力とその大軍団の兵站を長期間維持できるだけの経済力を誇っている。まさしく日本最大最強の大名である。

また、今川氏は清和源氏の本流でもあり、将軍家の分家筋にもあたる名族。もし将軍家が断絶すれば、吉良家とともに征夷大将軍を継承することが約束されていた。つまり、徳川幕府の御三家と同じ立場にある。戦乱つづきで弱体した将軍家の命運は尽きかけている。ここで軍勢を率いて上洛し、将軍を補佐して幕府を立て直すのが足利一門である今川家の役目と、義元は決意した。

「東海一の弓取り」

と、異名された彼には、それだけの実力がある。のは誰もが認めるところ。とくに政治力と外交能力はズバ抜けていた。

相模の北条、甲斐の武田といった勢力と同盟を成立させて後背の憂いを断ち、また、領内の治世も安定していたことから、その兵力をすべて上洛戦に動員することができた。その数は2万5000人といわれる。おそらく永禄3年の時点でこれだけの大軍を率いて領地を長期間留守にして遠征するなどは、この今川義元だけが可能だったことだろう。

この年、義元がその大軍を率いて駿府を発った時、上洛の成功を疑う者などいなかったはず。

両軍戦力比較表

織田軍		VS	今川軍	
尾張のうち半国程度		領国	駿河、遠江、三河、尾張一部	
主な武将	約20万石	石高	100〜120万石	主な武将
林秀貞、水野忠光、佐久間信辰、佐久間盛重、梶川一秀、織田秀敏など	5,000人	動員兵力	25,000人	松平元康、朝比奈泰朝、瀬名氏俊、岡部元信、井伊直盛など
		装備		
		補給力		
		精強度		
		士気		
織田信長			今川義元	
五つ木瓜 		総大将の家紋	二つ引両 	
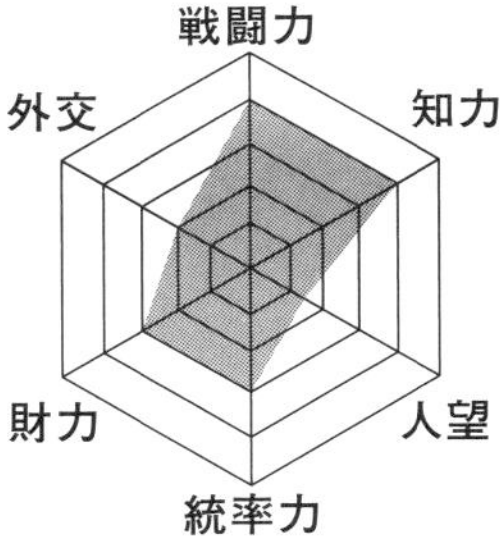		総大将の能力値	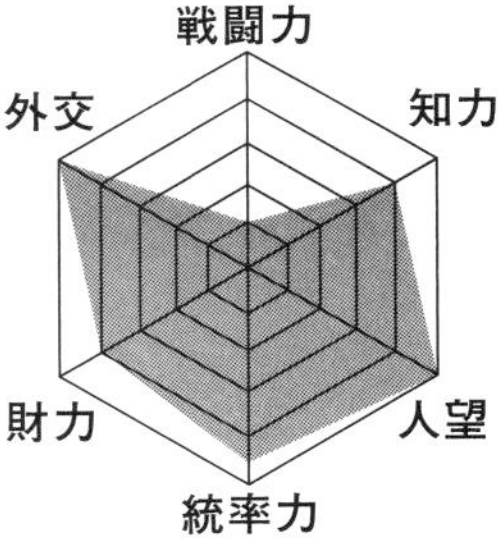	
織田一族同士が争う内乱や弟との家督争いの直後。しかも、「尾張の大うつけ」と揶揄された若い頃の奇行癖で知られる信長なだけに……家臣の忠誠心には疑問符がつく。人望と統率力も高くない。また、将兵の士気も低く、兵の数以上に今川軍との差は大きかった。		備考	肥満のため戦闘能力は低く、馬に乗ることも困難だったという。戦闘指揮官としては問題が多い。しかし、統治能力や外交力は卓越したものがあった。また、人望もそれなりにある。配下には戦闘経験豊富な優れた指揮官も多く、軍勢としては手強く隙のないものだったが…。	

東海道を西進して尾張、美濃、近江を経て京に至るのが今川軍の上洛ルートだが、その行く手に立ちはだかる強敵といえば美濃の斎藤氏ぐらいのもの。その斎藤氏にしても「蝮《まむし》」の異名で恐れられた道三はすでに亡く、現在の斎藤家当主・凡庸な龍興《たつおき》では今川軍に勝つのは難しいと思われていた。また、斎藤氏と雌雄を決する前に、織田氏が領有する尾張を征服せねばならないのだが、

「龍興よりもはるかに劣る尾張の大ウツケなどは、もはや敵ではない」

当時の織田氏は尾張半国をやっと領有するだけの弱小勢力である。そして、先代の織田信秀から家督を相続したばかりの信長は、奇行癖ばかりが目立つ傾奇者《かぶきもの》としてその悪名は近隣諸国にまで知れ渡っていた。勢力も将としての器量も、評価は義元に遠く及ばない。

その信長が尾張へ侵攻してくる今川軍に対して対決の姿勢をみせたときは、誰もが驚いた。織田は戦うことなく降伏するというのが大方の予測だったのだ。今川軍の楽勝を疑う者はいない。義元や今川軍の諸将らも、織田との戦いは美濃の斎藤氏と戦う前の小手調べといった楽観したムードがあった。

今川義元の大軍をむかえても織田軍の迎撃方針は定まらず…

織田家は先代の信秀の頃から、三河西部の領有権を今川氏と争っていた。この頃の今川氏は後背にあった武田や北条など難敵との戦いもあり、三河の戦線に全力を投入することは難しい状況だった。それでも地力では織田に数段勝る

戦国十大合戦

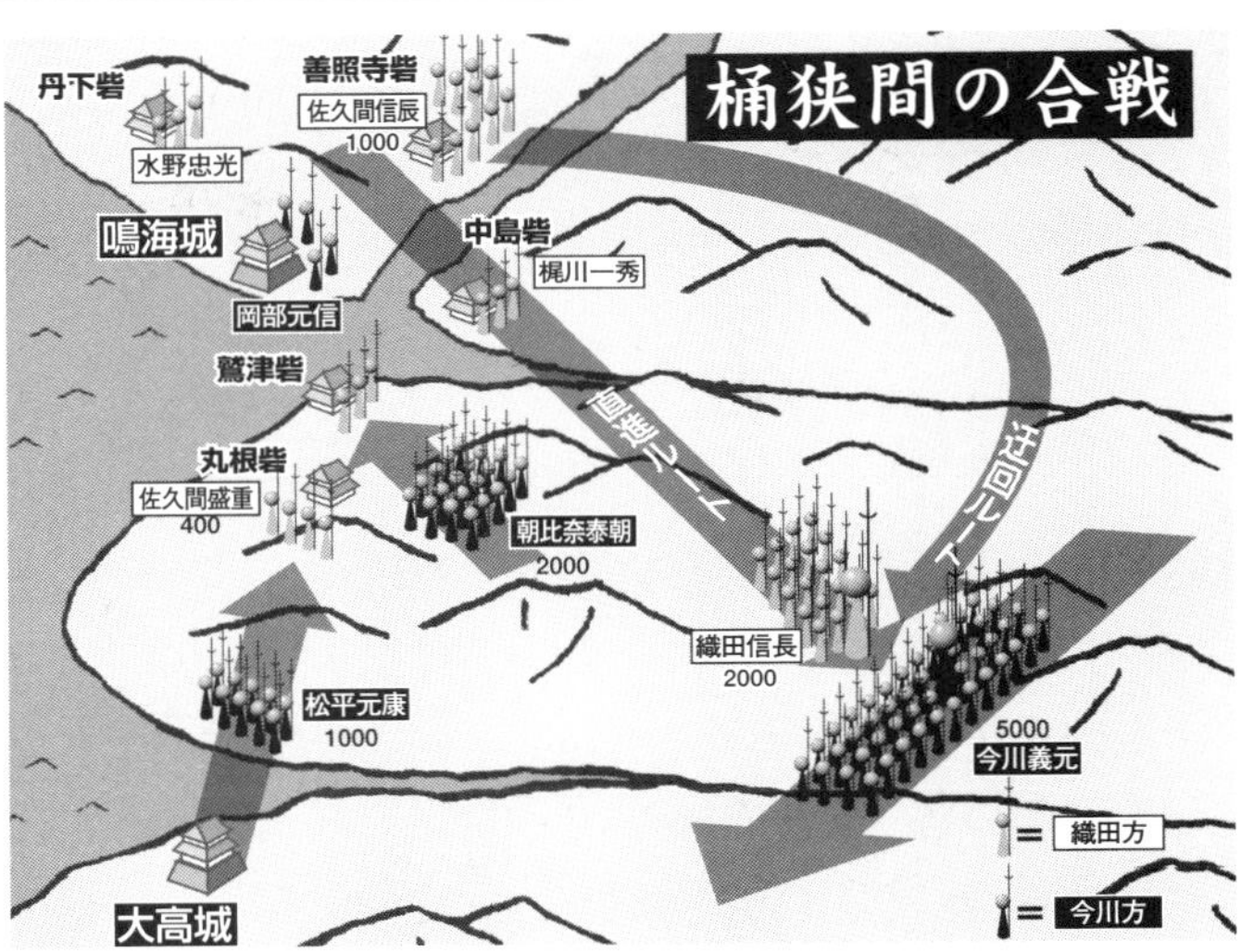

油断しきっていた今川軍は昼食をとっており、斥候も送っていなかった。その隙を衝いた信長の奇襲に今川軍は大混乱。義元はあえなく討ち取られた！

だけに、天文17年（1548年）に小豆坂の戦いで織田軍を破ってからは、しだいに版図を伸張させて三河を完全占領。国境を越えて尾張国の内部にまでその勢力圏は拡がっている。尾張東部の沓掛城、鳴海城、大高城などが今川方の拠点として維持されていた。

信長は今川の侵攻に際して、これら拠点となる諸城の連絡を絶つために、城を包囲するように数カ所の砦を構築していた。しかし、今川方の先鋒である松平元康（後の徳川家康）が、織田方の警戒線を突破して織田領内に孤立する大高城に兵糧を運び入れるのに成功した。

この後、今川勢はこの大高城を拠点に、織田の本拠である尾張東部や中央部に侵攻してくることが予想される。

今川勢の先鋒が尾張西部に侵攻して来たとい

今川義元の本陣跡。信長が攻め込んでくるとは夢にも思っていなかっただろう

う報告は、その日のうちに信長のもとにも届いている。やがて今川義元が率いる本隊の大軍もやってくるだろう。これにどう対処するのか、清洲城に籠城して耐えるか、それとも果敢に野戦を挑むのか？　清洲城に集まった家臣たちはその決断を待ったが……信長は戦いについては一切ふれずに世間話に終始したあげく、

「夜も更けた、これにて解散」

そう告げると、さっさと寝所に入ってしまった。これには諸将も呆れてしまい、

「もはや織田家も終わりか」

そんな囁きも聞こえてきた。

さらに翌日には大高城に入った松平元康が1000人の兵を率いて丸根砦を攻撃、また、今川家の宿老である朝《あさ》比《ひ》奈《な》泰朝《やすとも》も鷲津砦を攻めた。合戦の火蓋は切られた。この報告も即座に信長

のもとに届けられたが、彼はまったくそれに関心を示す様子もなく、

「人間五十年……」

と、彼が最も好み、この後も事あるごとに舞ったという幸若舞の『敦盛』を上機嫌で舞った。今川の大軍を前にして捨鉢になったたか? 誰もがそう思った。しかし、家臣にまでそう信じさせることができれば信長の思惑通りである。彼は心中にある必勝作戦をギリギリまで秘匿していた。味方にも胸の内は明かさない。大軍を相手に寡兵が勝利するためには、不意をつく奇襲攻撃に賭けるしかないのだが、これを成功させるには、絶対に敵にこちらの意図を悟られないことが重要だ。清洲城下には敵の間者が大勢紛れているだろうし、自軍のなかにも敵に内通している者がいるかもしれないのだ。


家臣との相談や合議もなく、ひとりで決めていきなり作戦を実行するトップダウン方式は、この後も信長のスタイルとなるが、機密の漏洩を防ぐという点では最良の方法だった。


信長は明け方になって突然出撃した。それも六騎の近習だけを連れて、

「後ほど全軍は熱田神宮に集合せよ」

その命令だけを残して、彼は一目散に馬を駆けさせた。


信長が熱田へ向かったことを知った家臣たちは、慌ててその後を追いかける。明け方には推定2000人の将兵が熱田神宮に集合していたという。奇襲を成功させるには、迅速な行動も要求される。また、清洲城下ではなく熱田神宮に軍勢を集合させたのは、今川方の間者の目を欺く意味もあったのだろう。

「空白地帯」を駆け抜けて義元を安心させる方向へ進軍

熱田神宮に集結した織田軍は２０００人。当時、信長には５０００人近い兵力があったというが、今川軍の侵攻に対して各地の城塞や砦に兵を配置していたため、これだけの動員が限界だったろう。信長の本隊は海岸沿いのルートを東に向かってほぼ直進して善照寺砦に入った。この砦は今川方の鳴海城を包囲するために築かれたもののひとつ。この時、すでに今川方は織田の砦を次々に攻略して、鳴海城の包囲網は寸断されつつある。付近には今川軍の先鋒部隊があふれていたはずだが、信長の本隊はほとんど敵勢に遭遇することはなかった。彼は梁田政綱《やなだまさつな》から大勢の偵察部隊や間者を放って、今川軍部隊の動向を把握していたのである。そして、今川勢が侵攻していない海岸沿いの空白地帯を選んで、素早く戦闘地域に進撃してきたのだ。

一方、先鋒部隊の活躍で織田方の砦を陥落させ気を良くした義元は、主力部隊を率いてさらに西進、三河国境を越えて尾張に入っていた。その兵力は５０００人、この日の朝には沓掛城より発して鳴海丘陵が連なる山間地帯を西進中である。この先にある大高城は、それを包囲する鷲津、丸根の両砦も陥落して付近一帯は完全に今川軍が制圧している。つまり、義元の本隊は占領地の安全圏を行軍していたことになる。

義元の本隊の動きについても、信長は逐一報告を受けて、その位置を知っていた。もちろん義元のほうも信長の出撃は知っている。しかし、その進撃ルートに義元の本隊を攻撃する意図は

桶狭間の戦い

徹底した情報管理をおこない、義元に奇襲を悟らせなかった信長。この奇跡的勝利により、戦国の中心に躍り出ることになる

名古屋・長福寺にある今川義元の首実検跡。ここで義元の首は検められた

感じられない。信長の本隊はこのとき、善照寺砦から中島砦に移動していた。中島砦のすぐ隣には、今川方が陥落させた鷲津砦があり、2000人の今川軍先鋒部隊が入っていた。「信長は鷲津砦の先鋒隊と戦うつもり」

義元の幕僚たちもそう予測した。

勝利を確信した義元の本陣へ織田勢が怒濤の奇襲攻撃を敢行！

正午頃、桶狭間（愛知県豊明市）に到着した義元は、ここで行軍を停めて兵に休息と昼食をとらせた。もはや信長の動向を気にする様子もない。周辺の豪農や名主たちが、貢物を持って挨拶に来た。新領主に擦り寄ろうという魂胆だろうが、それがまた義元や幕僚を上機嫌にした。兵たちには酒がふるまわれ、陣営は戦勝気分に浮かれる。この時、にわかに天候が悪化して桶狭間付近は激しい風雨に見舞われた。ただでさえ視界の悪い桶狭間の窪地は、一寸先も見通せない状況……。

しかし、その雨の中、2000人の織田軍主力は、桶狭間北方の丘に到達していた。雨が晴れると義元の本陣もはっきりと確認できる。敵は織田軍の接近にまったく気づいていない。この光景を見て、信長も勝利を確信してほくそ笑んだに違いない。信長は中島砦に入ると、すぐに義元本隊がわずか3キロほど北方の桶狭間で休息をとっているという情報をつかんだ。

「勝機はここしかない!」

決断すると彼の行動は速い。即座に部隊を率いて中島砦を出撃、雨に紛れて山中の間道を北方に走り、義元の本陣を急襲する好位置に接近していたのである。

「かかれ!」

織田軍は山上から突撃を敢行した。数のうえでは織田軍の2000人に対して倍以上の5000人を有する義元の本隊だが、鎧甲を脱いで休憩中にいきなり突撃されたのではたまらない。雑兵たちは弓や槍などの武器をその場に捨てて逃走する。名だたる武将たちも刀に手をかける間もなく次々に討ち取られていった。そして、信長の親衛隊は本陣に突入。乱戦のなか義元は戦死。その首を獲られてしまった。

今川軍の本隊は総崩れ、そして「義元公討ち死に」の報が駆けめぐると、尾張に侵攻中の今川軍諸隊は指揮系統を失って大混乱。慌てて撤退してゆく。信長の果敢な決断が功を奏した奇跡の勝利であった。

奇襲作戦成功の要因は徹底した情報収集と果敢な決断

この桶狭間合戦は、北条氏康の河越夜戦や毛利元就の厳島合戦とならぶ「日本三大奇襲戦」のひとつ。大軍相手に圧倒的不利を覆す奇襲戦による鮮やかな勝利……というのは同じだが、氏康や元就の場合、その戦いの数カ月前から奇襲戦を企図して様々な策略を仕掛けていた。しかし、信長の場合には、そういった細工はほとんど見られない。はたして、いつの段階で信長は奇襲戦を企図したのか？ それは歴史上の謎のひとつでもある。あるいは、それは攻撃の直前だったのかもしれない。中島砦で義元が桶狭間にいると知った時、彼はこの作戦を思いついたともいわれる。

信長は今川軍を迎え撃つにあたって、情報戦略を最重視していた。領内にくまなく索敵網を張り巡らせ、今川軍諸隊の位置や動きを詳細に把握している。その最新情報をもとに、最適の作戦を考えて素早く実行する。家臣と合議などしている時間はない。めまぐるしく変化する戦場の様相に、緻密な情報収集と果敢で迅速な用兵で即応する。これが信長の勝因であり、この後も彼の戦いのスタイルとなってゆく。北条氏康や毛利元就のように策略を駆使して相手を罠にはめるのではなく、常に変化しゆく戦場を見い極めながら、敵の一瞬の隙をついて勝機を見いだす。同じ奇襲攻撃とはいえ、そこには大きな違いが見てとれる。

ちなみに、信長が戦いにおいては情報を最重視したのは、桶狭間合戦の論功行賞において、

合戦MVP

簗《やな》田《だ》政《まさ》綱《つな》

勝因は情報戦を制したことにある！

義元の首を獲ったことで、大軍を尾張から撤退させることができた。その意味では、乱戦の最中に義元を見つけて討ち取った毛利新助と言いたいところだが、信長が一番の殊勲者として賞賛したのは、今川軍の情報収集にあたっていた簗田政綱である。

政綱は義元の位置を正確に把握していて、信長が軍勢を率いてやってくると、これを伝えて敵本隊の襲撃を主張したという。

彼の情報と進言がなければ、桶狭間合戦そのものが実現しなかったことになる。そう考えてみれば最高殊勲選手は彼以外にはいない。

義元の首を獲った毛利新助よりも、義元の本隊が桶狭間で休息していることを伝えてきた簗田政綱を勲功の第1位としているところでも察せられる。

さて、義元を失い上洛戦を中止して駿府へ撤退した今川軍だが、戦力的な被害はさほどではない。また、再侵攻も可能な経済力も有していた。しかし、義元をはじめ名だたる武将を失った家中は完全に浮き足立ち、三河の松平元康を始め武将たちの離反も相次いだ。逆に義元を討ちとった信長の名声は上がり、念願の尾張統一を完遂してその勢力は拡大。桶狭間の一戦で、その力関係は一気に逆転してしまった。やがて今川氏は滅亡の道を歩み、東方の脅威が潰えた信長は美濃や伊勢へ侵攻して領国を拡大。義元が成し得なかった上洛を果たすことになる。

勝敗のポイント

綿密な情報収集と機を見ての果敢な決断！

「影の美学」を貫いた闇の住人たち①

伊賀と甲賀

忍術、つまり現代で言う諜報の技術は「孫子」の兵書にもあり、6世紀に仏教とともに日本に伝えられたという。あの聖徳太子も忍者を使って敵情を探ったとか。とくに山間であり耕作地が少ない伊賀や甲賀の地では、この忍術を修行して諸国に間諜や傭兵として雇われる者が多く、それはいつしか上忍と呼ばれる指導者により組織化されるようになる。戦国期には、この伊賀や甲賀から多くの忍者が各地の大名に雇用されるようになった。

ちなみに、伊賀流と甲賀流の大きな違いは、伊賀流が体術など戦闘技術に優れているのに対して、甲賀流は薬学などの知識に長けていたという。伊賀に3人いた上忍のひとりである服部半蔵は、徳川家康に仕えたことで有名になっている。また、甲賀のほうは上忍はおらず53家あった中忍の合議制による多数決により運営されたという。

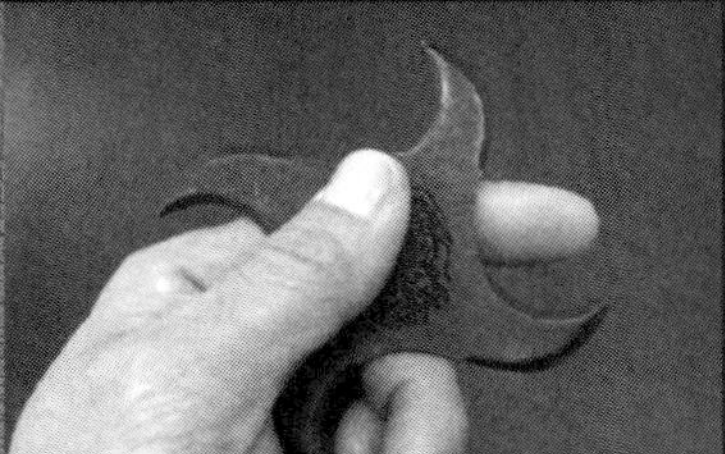

写真上）忍者装束。腰ゴム式の現代風（写真右上）卍型。直径約9センチ。（写真右下）鉄製手裏剣（黒燻し）

■写真提供『忍者の里の～伊賀流忍者店～』 http://www.rakuten.co.jp/ninja/

〒518-0846 三重県伊賀市上野愛 1938 （TEL）0595-21-0792

教興寺の戦い《きょうこうじのたたかい》

永禄五年（1562年）

三好長慶 × 畠山高政

足利幕府を簒奪して畿内最大勢力となった梟雄・三好長慶に、足利一門の名族・畠山高政が旧勢力を結集して戦いを挑む！

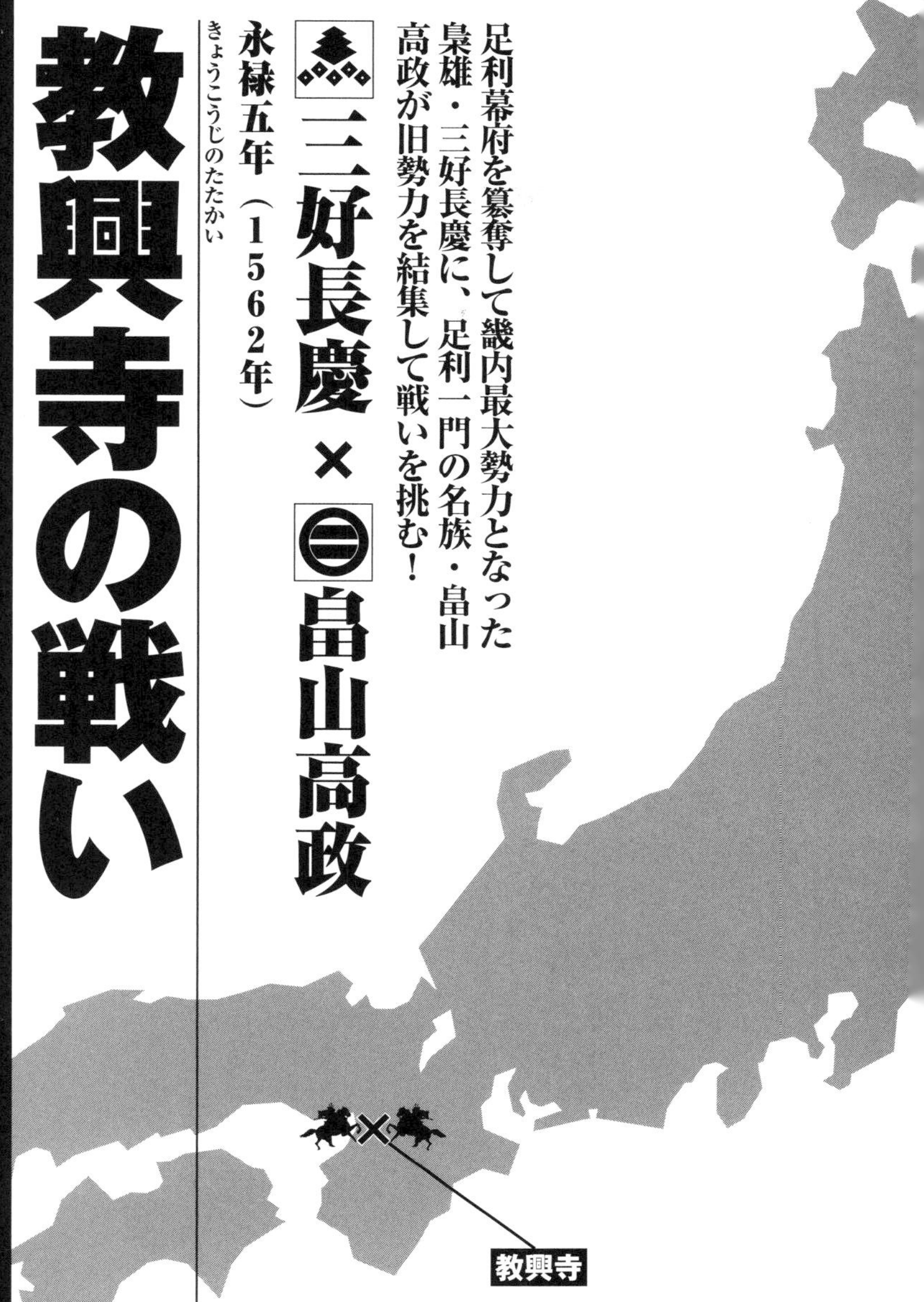

教興寺の戦い

畿内の覇権をめぐって争った戦いの最終章！

下克上のニューリーダー三好長慶が
室町幕府の統治に終止符を打つ！

信玄と謙信が北信濃で死闘を繰り広げ、信長が美濃の斎藤氏を攻めあぐねていたころ、京にはまだ室町幕府が健在。畿内は幕府最高職である管領・細川氏の統制下にあった。

しかし、失墜した幕府の権威では諸将を服従させるのは難しく、その支配は盤石ではない。また、細川一門衆の結束力も弱く、そこを部下の三好長慶《みよしながよし》につけこまれた。長慶は細川氏の家老だったが、やがて主家と敵対して阿波や畿内の領国を簒奪《さんだつ》。さらには、主君である細川晴元《はるもと》や将軍・足利義輝《よしてる》を京から追放して幕府を崩壊させてしまう。まさしく「ミスター・下克上」といわれるような暴れっぷりで、主家も幕府も簒奪して畿内の支配者となる。

当然、畿内には長慶の行動を憎む旧勢力も多かった。その代表格が河内と紀伊の守護・畠山《はたけやま》高政《たかまさ》である。清和源氏の流れを汲む足利氏の一門、名族出身者のプライドが成り上がり者の長慶に屈することを許さなかった。また、高政は勇将として近隣に知られる人物。人望や求心力もあったのだろう。長慶に反発を感じる旧勢力が彼の下に結集。いよいよ両者の対決姿勢は強まってゆく。幕府を簒奪した新興勢力に対する旧勢力最後の抵抗といった図式である。

しかし、長慶の勢力はすでに畿内のほとんどに及び、経済的先進地の堺や京もすべて抑えられている。これに対して高政の力が及ぶのは領国の河内とその近辺。四方をすべて長慶の勢力圏に囲まれていた。

両軍戦力比較表

三好軍	VS	畠山軍
阿波、摂津など8カ国	領国	河内、紀伊
180万石	石高	50万石
60,000人	動員兵力	40,000人
	装備	
	補給力	
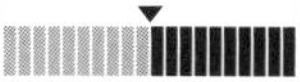	精強度	
	士気	
主な武将：三好義興、三好政康、三好康長、十河存保、岩成友通、安宅冬康、内藤宗勝、松永久秀など	主な武将	主な武将：湯川直光、遊佐高清、安見直政、土橋種興、筒井順政など
三好長慶		畠山高政
三階菱に釘抜 	総大将の家紋	二つ引両 
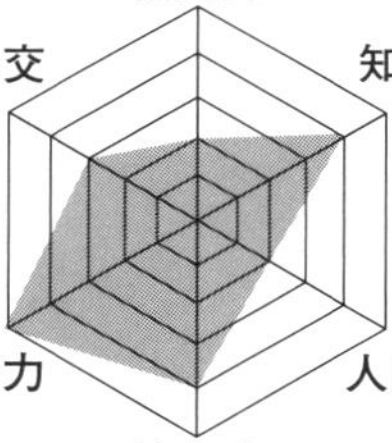	総大将の能力値	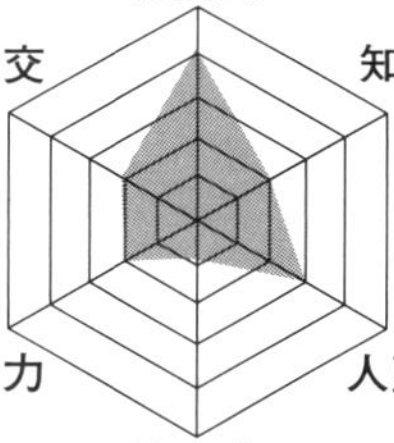
主家を乗っ取った「梟雄」のイメージがあるだけに、人望を得るのは難しい。しかし、配下や一族からは慕われていた。また、頭脳や胆力は戦国時代でも一流の部類、戦略眼も素晴らしい。天下を獲れる器であることは間違いない。経済先進地の堺や京も抑えていたので、経済力でもこの当時は日本随一の大名。	備考	勇将である。しかし、政治力や統率力については、大軍を率いる将として、いささか疑問符がつく。また、長慶との兵力の差は致命的ではない。兵の装備や質については三好軍よりも優れていたし、兵站線の心配もなかった。うまく戦えば勝機もあったのだが……。

教興寺の戦い

戦禍に巻き込まれた教興寺（大阪府八尾市）。建物の多くを焼失したという

畿内をほぼ制圧した長慶に対して旧勢力が結集して反三好連合を結成

また、高政の領内にある要衝の飯盛山城もすでに長慶の手中にある。城主の安見《やすみ》宗房《むねふさ》が高政に反抗したため、教興寺の戦いの3年前、永禄2年（1559年）高政は長慶を頼って飯盛山城を攻略してもらったのだが……ライバルの長慶に援助を請い、戦略的要地を彼に与えてしまうという致命的なミスを犯している。確かにこの頃、高政は家臣団を統制できずに苦しんでいた。たとえ長慶が憎くても、頼るしかないという状況。旧勢力側の頭領としては頼りないといわざるを得ない。勇将ではあるが、かなりワキの甘い人物であるようだ。

そして、長慶もまたこの人物を与《くみ》しやすく、戦うには手頃な敵と考えたようだ。高政の下に結集された旧勢力を一網打尽にして政権を盤石なものにする。それが彼の戦略。徳川家康が石田三成の挙兵を誘導して、敵対勢力を関ヶ原で一挙に葬ったのとよく似た図式である。

永禄3年（1560年）高政が安見宗房と和睦したことを口実に、長慶は河内へ出兵した。いよいよ戦略を実行に移す時がきたのである。この頃、高政も河内の土豪勢力をほぼ統制して、戦える態勢ができあがっている。そして何より朗報だったのは、近江守護の六角義賢《ろっかくよしたか》が軍事同盟を求めてきたことだ。六角氏の支配領域は南近江の穀倉地帯のほぼ全域に及び、勢力は畿内の大名のなかでも飛び抜けている。また、紀州の根来《ねごろ》衆徒なども高政に尽力を約束してきた。

「これなら戦える」

高政は確信したに違いない。

しかし、一代の梟雄《※きょうゆう》である長慶の動きは果敢である。畿内の各所では三好氏を中心とする新興勢力とそれに叛旗を翻す旧勢力との間で、激しい局地戦が繰り広げられた。

この年に近江から京へ侵攻してきた2万人の六角軍が三好勢に迎撃されて敗退したが、その翌年には高政の河内勢と紀州雑賀《さいか》衆や根来衆の連合軍が、河内で三好軍を撃破。この戦いで長慶の弟である義賢が戦死している。また、勢いに乗った旧勢力側はさらに快進撃をつづけ、永禄5年（1562年）には六角義賢が上洛して三好勢は京を奪われてしまった。

しかし、長慶もしぶとい。ここから再び本拠である阿波や讃岐、さらには畿内の兵力を結集して逆襲にかかろうとしていた。

※残忍で強い人

教興寺の戦い

河内の原野に10万人の軍勢が結集
戦国時代有数の苛烈な野戦が始まる！

攻勢にでた畠山高政は、この時、南河内の三好側の諸城を次々攻略しながら飯盛山城へ迫っていた。この城が三好勢の手に落ちてからは、長慶はこの城を居城として畿内における本拠としている。高政は大軍をもってこの城を包囲する。城が落ちれば頭領である長慶の命も危ない。

摂津周辺で集結を終えて5万人の大軍にふくれあがった三好勢は、長慶の嫡子・三好義興《よしおき》に率いられて、飯盛山城を救援するために淀川を渡り河内へ進撃した。

三好軍の接近を知った高政は飯盛山城の包囲を解いて、これを迎撃するために後退した。長慶はやがて到着した義興の軍勢と合流して、三好軍は6万人にまで増えている。対する畠山軍は河内勢と紀州勢を中心とした4万人余り。両軍合わせて10万にもなる軍勢が、河内教興寺付近（現在の大阪府八尾市）の原野で対陣。近畿地方最大級の野戦が始まろうとしていた。

三好勢は畿内各所での局地戦で兵力を分散したために一時は不利となったが、地力ではやはり三好勢が勝る。また、畠山軍は大将である高政のリーダーシップが不足していた。連合軍の諸将は全員が高政と同格の独立した領主であり、そのため指揮系統を一元化することができなかったのだ。それに対して三好軍は頭領の長慶が合流できたために、彼を頂点に一族や配下の武将たちが動く組織ができあがっていた。システムのうえでも三好軍が有利である。

戦いは三好軍先鋒の突撃から始まった。畠山

合戦MVP

三好義興
才能あふれる三好家の若き城主

敵勢が飯盛山城を包囲したことを知って、5万人の軍勢を集めて即座に河内へ侵攻した。彼の果敢で迅速な行動が、長慶の窮地を救った。また、教興寺の戦いでは機をみて敵陣に大攻勢をかけている。これも三好軍が大勝した理由のひとつ。これだけでもMVPに値する活躍である。この戦いがあったとき、彼はまだ21歳の若武者だった。しかし、すでに摂津の芥川城の城主をまかされ、京へ来襲してきた六角軍を撃退する活躍をみせている。将としての資質は並ではない。もし、彼が長生きしていれば、三好氏は天下を獲れたかもれない。

軍には雑賀衆や根来衆の4000挺からなる強力な鉄砲隊があったが、運悪く降雨でその威力が半減してしまう。遮蔽物のない原野での戦いは、やはり兵力に勝る三好軍が優勢。指揮系統が乱れている畠山勢は、援軍が得られないままに壊滅する部隊が増えてくる。

昼過ぎに三好義興隊の攻勢で雑賀衆や大和の国人衆の敗走が始まり、ほぼ勝敗は決する。夕方には高政の本陣も潰走して畠山軍は総崩れ。早朝からつづく激戦に終止符が打たれた。

この戦いによって畿内の旧勢力は壊滅して、三好長慶の支配が盤石なものとなった。

しかし、長慶の死後はその実権を松永久秀に奪われる。下克上の時代を象徴するように主家を簒奪して、再び家臣に簒奪されて終わる。三好家の天下は短かった。

勝敗のポイント

指揮系統を一元化できたか否か……その差が勝敗に直結した！

苛烈を極めた！二大攻城戦

小田原の役

壱

天正十八年（１５９０）
豊臣秀吉VS北条氏政・北条氏直

●長い小田原評定の末に戦国屈指の巨大城郭は無血開城された！

徳川家康を屈服させ、九州まで平定した豊臣秀吉は天下をほぼ手中にしていた。残る対抗勢力といえば、関東を支配する北条氏が唯一。しかし、秀吉の勢力と比べれば分が悪い。そのため北条氏側では秀吉との対決を避けてきたのだが……上野《こうづけ》の領地をめぐって真田氏との間に争いが起き、秀吉の調停に従わず北条氏側が上野へ侵攻したことで「北条征伐」の大義名分を与えてしまう。秀吉はすでに関白太政大臣として、大名の私闘を禁じる惣無事令《そうぶじれい》という法令を交付していた。北条氏の行動はそれに違反するものである。秀吉は全国の諸大名を招集して20万人の大軍団を組織、天正18年（１５９０年）、北条氏討伐のために関東へ侵攻した。

しかし、この時はまだ北条氏側には余裕があった。かつて北条氏の本拠である小田原城は、上杉謙信や武田信玄といった日本屈指の名将に包囲されたが、いずれも鉄壁の防御でこれを退けている。そしてこの頃は、城と城下町を囲む９キロにも及ぶ土塁と空堀をめぐらせた総構えが完成し、防御力も格段に向上している。この総構えは秀吉の大坂城よりも大規模だったというから、まさしく、戦国時代では最大最強の城郭である。ここに篭城していれば、いかに20万人の大軍といえども、

戦国最強の城郭であった小田原城。北条氏も防御に絶対の自信をもっていたが数カ月で無血開城することに（写真は江戸時代の小田原城を昭和35年に再建したもの）

必ず攻めあぐねて撤退する……と、北条氏側では篭城戦に絶対の自信を持っていた。

だが、秀吉のスケールはその小田原城をも超えていた。城を囲んだ秀吉は、石垣山に一夜城を築いて長期の攻城戦も辞さない構えをみせた。そのうえ、連日のように盛大な大茶会を開いて余裕を見せつける。そうするうちに、関東各地にある北条氏の支城は攻略されてゆき、北条氏側はしだいに孤立感を深めていった。

この間、城内では徹底抗戦か降伏かで重臣たちが連日議論したが、なかなか結論がでない。〝小田原評定〟なる言葉も、この故事から生まれている。しかし、篭城も3カ月を迎えると、その長い議論にも結論が出る。北条氏側も抵抗の不可能を悟り、無血開城に応じたのだ。主戦派の前当主・氏政らは切腹を命じられ、当主の氏直は高野山へ追放。広大な領地はすべて没収された。

戦国十大合戦

04

第四次 川中島《かわなかじま》の戦い

永禄四年（1561年）

川中島をめぐって稀代の名将2人が
知略の限りを尽くして激闘！

武田信玄×上杉謙信

長年の抗争に決着をつけるべく、戦国最強の両雄がついに激突。信玄の秘策・啄木鳥戦法は果たして謙信に通用するか？

信濃の完全占領を目前にして信玄のまえに宿命のライバルが現る

甲斐国は武田信玄（晴信）の父・信虎によって統一されたが、国土は山がちで耕地に乏しい。そのため隣国の信濃に版図を求めるのは、長年の国策でもある。

信濃は40万石にもなる大国ながら小豪族が割拠して、駿河の今川氏や相模の北条氏のような強力な統一政権は存在しない。唯一、武田氏が侵攻可能な地だった。父を追放して国主となった信玄だが、信濃侵攻政策は継承された。

天文11年（1542年）に諏訪氏を滅ぼして諏訪地方を占領すると、そこを足場に信玄の信濃侵攻作戦は本格化してくる。天文19年（1550年）には信濃守護の小笠原長時《おがさわらながとき》を追放して、信濃の中央部をほぼ制圧していた。

そして、信玄の野心はさらに北へ向けられていく。北信地方を支配する猛将・村上義清《むらかみよしきよ》にさんざん煮湯を飲まされながらも、天文20年（1551年）にはその拠点である砥石城の攻略に成功する。そして、村上義清をはじめ北信の敵対勢力をしだいに北へ圧迫して、ついに信濃国最北の盆地である善光寺平にまで勢力圏を伸長させた。悲願の信濃統一まであと一歩という状況だったが、しかしここで思わぬ強敵が立ちはだかってきた。

信玄に圧迫されて追い詰められた北信地方の国人衆たちは、隣国の越後の領主である長尾景虎（上杉謙信）に救援を求めたのである。謙信は自らを毘沙門天《びしゃもんてん》の化身と信じ、私利私欲よりも正義のために戦うという、戦国大名としては

戦国十大合戦

両軍戦力比較表

武田軍		VS	上杉軍	
甲斐、信濃		領国	越後、上野や信濃の一部	
主な武将	約60万石	石高	約40～50万石	主な武将
武田信繁、穴山信君、飯富昌景、内藤昌豊、諸角虎定、山本勘助、高坂昌信、馬場信春、真田幸隆、小山田信茂など	20,000人	動員兵力	13,000人	柿崎景家、本庄実乃、新発田治時、山吉豊守、安田能元、長尾政景、斎藤朝信、中条藤資、村上義清、宇佐美定満など
		装備		
		補給力		
		精強度		
		士気		
武田信玄			上杉謙信	
 武田菱		総大将の家紋	 九曜巴	
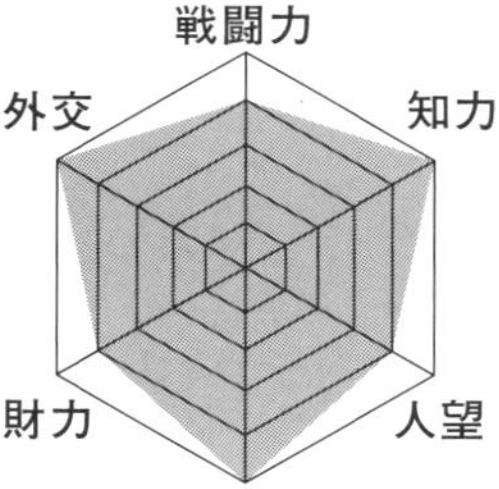		総大将の能力値	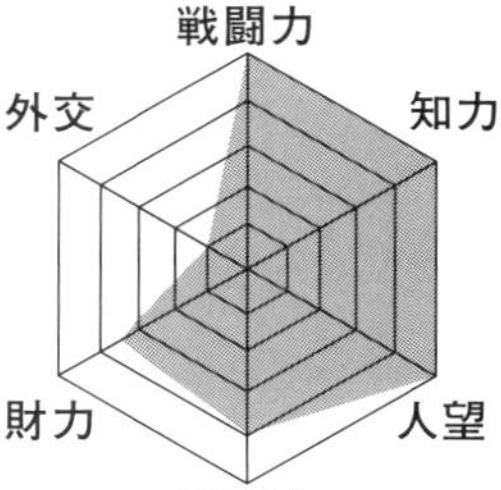	
戦場での指揮や統率能力にくわえて、戦略眼や外交力、領国統治の能力にも優れたオールラウンダー。しかし、野心が強過ぎるために北信濃の国人衆からは警戒され、悲願の信濃統一を遅延させている。		備考	戦術レベルの戦いでは、おそらく戦国時代でも最強の武将だろう。高潔な人柄も部下に慕われる。しかし、戦略思想や外交的センスはゼロに等しい。領土的野心もなく、基本的には越後1国を領有するのみ。	

特異なタイプだ。信濃に対する領土欲はなく、戦略的意図も皆無。ただ、信濃国人衆に同情しての出兵である。しかも、この青臭い理想主義者が、戦術レベルでの戦いでは鬼神のような強さを発揮する。彼が率いる越後兵も、当時としては日本屈指の精兵というのだから、信玄にとってはた迷惑な男の登場である。

信濃国人衆らの要請をうけた謙信は、天文22年（1553年）信濃へ出兵した。川中島（長野県長野市）に陣を張り、信玄と対峙する。しかし、この時は信玄に戦意がなく決戦を避けて後方の塩田城に篭ったために、謙信も1カ月後には撤退している。これが第一次川中島合戦である。

川中島は善光寺平の南にあり、犀川と千曲川の合流点にある広大な中洲。湿地と荒野が広がる経済的価値の乏しい土地ではあるが、信玄にとっては善光寺平やその先にある越後を攻略するための進撃ルートであり、逆にこの地を敵に奪われたら、武田領の佐久地方や中信地方への侵攻を容易にしてしまう戦略上重要な地域だった。そのためにこの不毛な地を争って、この後、両雄は10年もの長きにわたり抗争をつづけることになる。

長年の抗争に決着をつけるため両雄は全軍を率いて川中島へ

その後、信玄と謙信は弘治元年（1555年）と弘治3年（1557年）にも、信濃に出兵して川中島で対峙するが、いずれも全面対決には至っていない。この間にも謙信は関東管領の上杉家を相続して、上野《こうずけ》や武蔵にも毎年のように出兵を繰り返した。

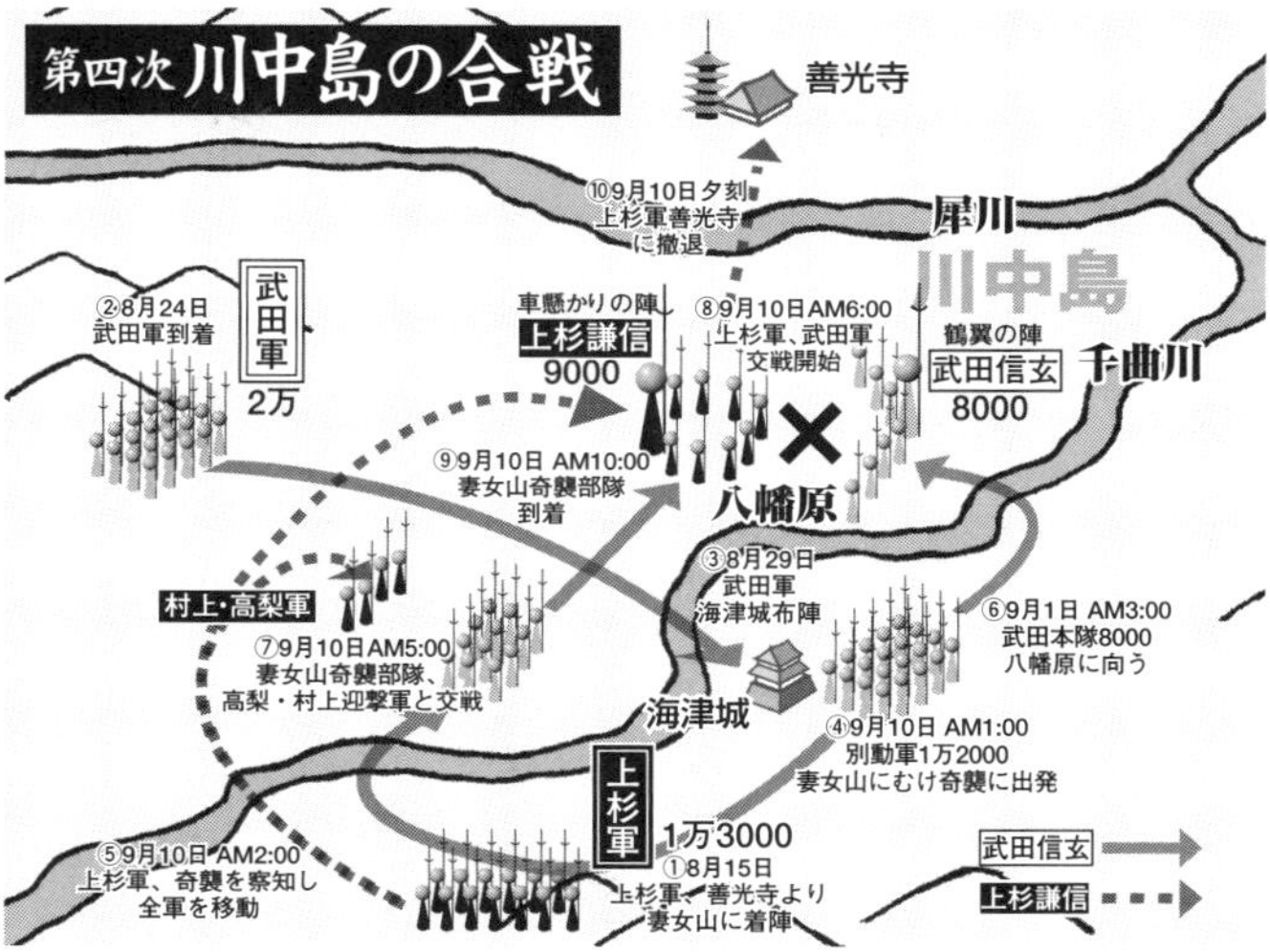

武田軍は軍を二手に分けて挟撃を狙う「啄木鳥戦法」に出るが、それを謙信に読まれ、本陣は壊滅の危機に陥る。だが、別動隊が駆けつけ形勢を押し戻した

関東管領としての職務をまっとうして関東の秩序回復に全力を傾けるためにも、早く信玄との決着をつけておきたいところ。また、信玄にしても謙信の干渉を排除して、1日でも早く信濃の領有を完全なものにしたい。

「そろそろ決着をつけねば」

お互いそう思っていた。

そんな両者の思惑が、ついに川中島を血に染める凄惨な戦いを勃発させる……。

永禄3年（1560年）、例によって関東へ出兵した謙信の留守をついて、信玄は川中島の対岸にある要害に海津城を築いた。この城を拠点にして、さらに北方への圧力を強めようというのである。海津城の完成により武田軍の侵攻能力は増強され、これまで北信濃の国人衆や上杉謙信の支配下にあった善光寺平の大半を制圧し

川中島合戦時、上杉謙信が陣を設けた妻女山からみた川中島の古戦場

てしまい、信玄の勢力圏は信越国境にまで迫っていた。謙信からすれば、信濃の奪回どころか、本拠である越後さえが信玄の侵攻を許すことになってしまう。

この状況に危機を感じた謙信は、関東遠征から春日山城へ帰還したわずか2カ月後の永禄4年（1561年）8月、休む間もなく川中島めざして出兵した。国境を越えると戦略物資や食料を満載した荷駄隊を後方の善光寺に残し、自らは1万3000人の軍勢を率いて、海津城の南方にあり城を見下ろす戦略上の要地である妻女山に布陣する。

「謙信の軍勢が川中島に現れた」

この報告は、すぐに甲府にいた信玄のもとに届けられた。謙信が海津城を捨て置くはずがない。即座にこれを攻略しようと出兵してくるのは、最初から武田方でも予測している。海津城の築城そのものが、謙信を川中島まで誘きだすための作戦だったともいわれる。

信玄もすぐに甲府から軍勢を率いて川中島へ出兵する。総勢は2万人、謙信の来襲を予測して、この日のために万全の準備がなされている。関東出兵直後の連戦で疲弊した謙信の軍勢と比較すれば、兵力差で上回るだけではなく、兵は休養も充分で装備や戦略物資も充実している。その面でも武田軍は有利だった。

「今度は勝てる!」

信玄をはじめ武田の宿将たちも、今度こそ因縁の対決に終止符が打てると確信していた。

謙信が妻女山に布陣してから8日後の8月24日、川中島へ到着した武田の軍勢は、千曲川を挟んで妻女山の上杉軍と対峙する茶臼山に布陣する。この頃になると「棒道」と呼ばれる武田氏の軍用道が、領内くまなく整備されている。武田軍はこの軍用道路を活用して猛烈な速度で進撃してきた。

それは、軍略の天才といわれる謙信の予想をも、はるかに上回っていたようである。

長期戦に終止符を打つために山本勘助が「必殺の戦法」を考案

千曲川を挟んで対陣する両軍、なかなか激突には至らない……信玄と謙信、憎い敵ではあるものの、お互いの力量は認め合っている。ヘタに手を出すと相手の策にはまってしまう危険性があった。疑心暗鬼で睨み合いの膠着状態がつづく。しかし、謙信は物資の大半を後方の善光寺に置いたままである。妻女山では食料も乏しいはず。このまま長対陣がつづけば、不利になるのは上杉軍のほうである。妻女山に居座りつづければ、ますます苦しくなるばかり。山を降りて雌雄を決するなら、早いほうがいい。天才的戦術家の謙信なら、そんなことは当然わかっているはずなのだが、上杉軍は一向に動く気配をみせない。

「謙信はいったい何を考えているのか?」

信玄も敵将の意図を計りかねた。

そこで、茶臼山の陣を引き払って、全軍を海津城へ移動させた。前面の茶臼山と側面の海津城で敵の退路を断って包囲する布陣は、武田方にとって絶好の陣形と思われた。しかし、敵がこれに乗ってこなければ所詮は絵に描いた餅。謙信ほどの名将ともなれば、戦いには我慢も必要なことを知っている。兵糧が乏しく苦しい状況でも、決して敵の有利な陣形に無謀な突撃を敢行することはない。

また、信玄にとっては長期戦は避けたいところである。前年に桶狭間合戦で今川義元が戦死したことで、今川氏と北条氏と締結した三国同盟は消滅している。これまで安定していた駿河や相模との国境線にも不安があった。本拠の甲斐を長く留守にしておくことが心配だったのである。

また、長期戦になれば、いかに軍用道が整備されているとはいえ、本拠の甲斐からの兵站線《へいたん》が長い武田軍のほうがしだいに不利になってくる。そこで、信玄は8月29日に茶臼山から撤退して一旦包囲を解き、敵に動くチャンスを与えて決戦を促したのである。

しかし、謙信はそれにも乗ってこなかった。

第四次川中島の戦い

総力戦となった第四次川中島の戦い。信玄としては永遠のライバルである謙信と決着をつけるつもりで臨んだが……

啄木鳥戦法を察知した謙信が、夜ひそかに渡ったとされる「雨宮の渡し跡」

山上に陣取ってまったく動く気配をみせない敵軍が、こうなると不気味に思えてくる。戦場心理とは複雑なもので、追い詰めていたはずの武田側が、逆に追い詰められたような気分になってきた。重臣たちもこの長期戦に我慢の限界が近づいていたようで、妻女山へ突入して決戦を主張する声が高まってきていた。

月は変わって9月になっても、膠着状態はつづく。焦《じ》れた武田方では、妻女山への強行攻撃を主張する声が高まっていた。ここで、軍師の山本勘助《かんすけ》と馬場信春《のぶはる》が、必勝の作戦を立案してきた。

鞭声粛々夜河を渡る……上杉軍は忽然と川中島に現われた

山本勘助が立案した作戦とは、兵を二手に分けて別働隊を編成し、これに妻女山の上杉軍を奇襲させるというもの。

　別働隊の奇襲攻撃に慌てた上杉軍は、たまらず後退する……つまり、妻女山から下りるはず。敵の撤退ルートである平地には、あらかじめ本隊を布陣、待ち伏せして退路を断つ。そして、追撃してきた別働隊とこれを挟み撃ちにして殲滅するという作戦である。キツツキという鳥はクチバシで木を叩き、その音に驚いて木の中から飛び出してきた虫を食べるという。そこからヒントを得たものであり、これを「啄木鳥《きつつき》戦法」と呼んだ。

　余談ではあるが、この作戦の発案者は、江戸時代に出版された軍記『甲陽軍鑑』で人気者となった山本勘助とされている。この勘助、歴史学者などの間では「架空の人物ではないか？」と長らく疑問視されていたが、昭和44年（1969年）に発見された武田晴信文書などで、その実在が証明されている。

　啄木鳥戦法は、たしかに妙案だ。しかし、敵が奇襲を察知すれば、先手をとられて分散した兵力が各個撃破される危険性も多分にある。信玄は成功を危ぶんで躊躇したというが、やはり、この名将も長期戦に焦れていたのだろう。結局はその策を採用する。

　作戦は9月9日の深夜に決行された。高坂昌《こうさかまさ》信《のぶ》、馬場信春らが率いる別動隊1万2000人が夜陰に紛れて妻女山へ登り、信玄は本隊を率いて川中島の八幡原に布陣した。

　敵の退路を断つべく、大きく左右に広がった鶴翼《かくよく》の陣形である。

　しかし勘助の秘策は謙信に読まれていた。前夜に海津城から昇る炊煙の多さを見て、「あれは戦闘食を準備をしているに違いない。今夜、武田は攻めてくるぞ」

天才的軍略家の謙信は、戦場では抜群の勘を発揮する。敵の機先を制して攻撃を仕掛けるべく、夜になると密かに妻女山の陣を引き払って下山、千曲川を渡って川中島に向かった。

「鞭声粛々夜河を渡る《べんせいしゅくしゅくよるかわをわたる》」

とは、※頼山陽《らいさんよう》の『川中島』での上杉軍の渡河シーンを描いた一節。

やがて夜は明ける。川中島一帯は深い川霧に包まれ一寸先も見えない。信玄は耳を澄まして、戦の始まりを告げる喊声《かんせい》を待った。しかし、いくら待てども声は聞こえてこない。そして霧が晴れると信じられない光景が……武田軍の前方には、妻女山にいるはずの上杉軍が布陣していたのだ。上杉軍は、各部隊が水車のように回りながら攻撃を仕掛け、息つく暇をあたえずに一撃離脱を繰り返してくる。いわゆる車懸かりの陣で武田軍を攻撃した。兵の数でも劣勢だったこともあり、武田軍は防戦一方。信玄の弟である武田信繁《のぶしげ》や山本勘助などの重臣が次々に戦死した。戦いが始まって3〜4時間が経過した昼頃になると、敵兵は武田の本陣にも殺到して、総大将の信玄も手傷を負う絶体絶命の状況となっていた。この時になって、やっと馬場信春率いる別働隊の1万2000人が八幡原に到着する。妻女山がもぬけの殻だったことから、上杉軍が川中島に向かったことを知り、急いで下山してきたのだ。

別働隊の到着で形成は一気に逆転した。武田軍は本隊と別働隊が連携して、上杉軍を挟撃す

※江戸時代の歴史家。川中島の戦いを描いた漢詩が有名

合戦MVP

高坂昌信・馬場信春

形勢挽回の立役者！

啄木鳥戦法を見破られた武田軍は、各個撃破されて壊滅する危険性があった。それを救ったのは、別動隊を指揮していた高坂昌信と馬場信春だろう。もぬけの空だった妻女山から八幡原へ急行し、別動隊に備えていた甘粕景持の部隊を猛攻で瞬時に蹴散らして戦場へ到着。上杉軍の後方から襲いかかって、一気に形勢を逆転した。この別動隊の到着は、謙信が予測したよりもずっと早かった。それだけ両将の指揮能力が卓越していたのだろう。もし、彼らの到着がもう少し遅ければ武田軍の本隊は壊滅していたかもしれない。

る形となった。上杉方にとって、別働隊到着までに信玄の首を獲り、速攻で勝負を決められなかったのは誤算である。不利を悟った謙信は、ここで兵を引いて犀川を渡り善光寺まで撤退。そのまま越後へ引き上げる。武田軍４０００人、上杉軍３０００人という大量の戦死者を出した、両雄にとって初の全面対決だったが、このときも勝敗をつけることはできなかった。

この後、両軍は永禄7年（１５６４年）にも川中島で対陣している。信玄と謙信は、互いに実力が伯仲した戦国時代でも屈指の名将であったがために、その勝負はなかなか決着がつかない。両雄は信濃の不毛な中洲地帯を奪い合う抗争に、貴重な時と人員や物資を費やしたために、織田信長の独走を許して天下獲りレースに乗り遅れることになる。

勝敗のポイント

「啄木鳥戦法」を見破った謙信の神懸り的な洞察力！

最強軍師列伝

山本《やまもと》勘助《かんすけ》

明応二年（1493）—永禄四年（1561）

主君…武田信玄

孫子と思われる巻物を見る山本勘助（恵林寺蔵・武田信玄公宝物館保管展示）

川中島合戦で武田軍の参謀として活躍
築城技術にも精通した隻眼の軍師

兵法者として武田信玄に軍師として迎えられる。色黒の醜男、隻眼で足も不自由……と、ビジュアル的インパクトも強いことから歴史小説では人気者だが、史実では謎の部分も多い。川中島合戦で彼の「啄木鳥戦法」が上杉謙信に見破られ、窮地の武田軍を救うために決死の突撃を敢行して壮絶な最期を遂げている。また、築城名人でもあり小諸城などは彼が造ったものと伝えられる。

金ケ崎の戦い《かねがさきのたたかい》

元亀元年（1570年）

織田・徳川連合軍
×
朝倉・浅井連合軍

畿内を制圧した織田信長は、朝倉義景が支配する越前へ侵攻した。緒戦は織田軍の優勢。しかし、浅井長政の裏切りで状況が一転！

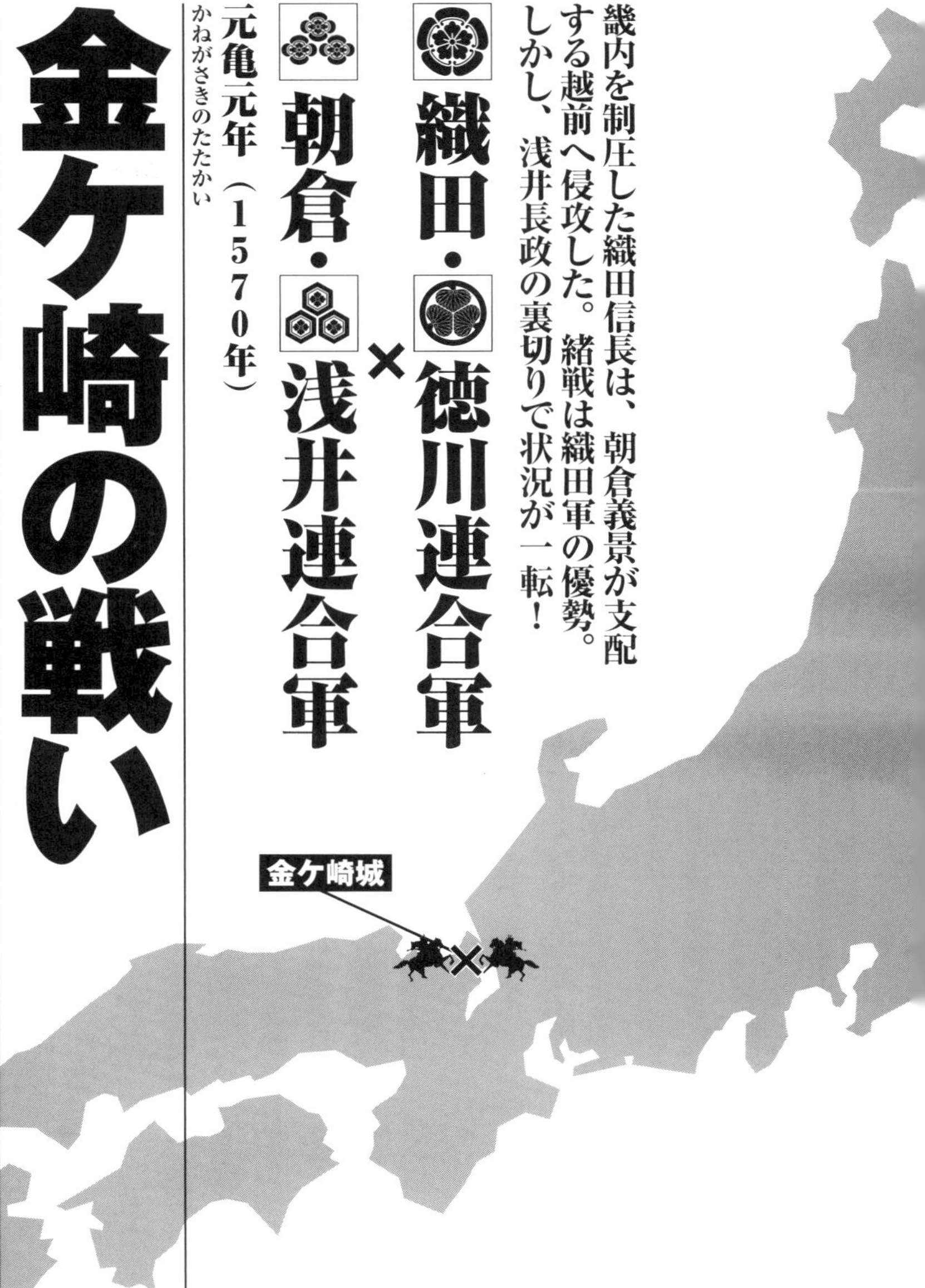

神業のごとき撤退戦をやってのけた織田軍団！

上洛を果たして絶好調の信長は次のターゲットを「北陸の雄」に定める！

将軍・足利義昭を奉じて上洛を果たした織田信長は、さっそく義昭の名で近隣の諸勢力に臣従を要求してきた。尾張、美濃、伊勢北部、近江南部にまで拡がった信長の版図は、この頃すでに１５０万石を超えていたと推定される。

これに逆らえる勢力は皆無で、畿内ではほとんどの大名がその力の前にひれ伏した。

大国である越前一国を支配する朝倉義景《あさくらよしかげ》とて、信長には逆らいようもないのだが……織田家に臣従するのはプライドが許さない。朝倉氏は織田氏と同じく室町幕府の重臣である斯波《しば》氏の家臣。守護代という役職もまた同格であるが、信長がその傍流であるのに対して義景は朝倉本家を相続した本流である。また、足利義昭はもともと義景を頼って越前に落ち延びてきたが、後に信長に鞍替えしたという経緯もある。そのため義景は信長の上洛要請を拒否しつづけてきた。

そんな義景の態度に、ついに信長がキレる。元亀元年（１５７０年）4月20日、京に軍勢を招集した信長は、近江坂本を経由して琵琶湖西岸を北上した。同盟者である徳川家康の援軍を含めて3万の大軍である。しかし、この軍勢の攻略目標については諸将にも明かされてはおらず、すべては信長の腹の中にあった。そのため、当初は若狭平定のための行軍と、皆が予想している。だが、若狭の国人領主はほとんどが信長に臣従していた。わずかに抵抗を示す勢力はあったが、それに対して3万の大軍というのは、いささか大げさすぎた。

両軍戦力比較表

織田軍		VS	朝倉軍	
尾張、美濃など5カ国		領国	越前	
主な武将	150万石	石高	49万石	主な武将
柴田勝家、丹羽長秀、明智光秀、木下藤吉郎、池田勝正、朽木元綱、松永久秀、徳川家康（同盟者）など	30,000人	動員兵力	15,000人	魚住景固、朝倉景恒、朝倉景鏡、朝倉景健、浅井長政（同盟者）など
		装備		
		補給力		
		精強度		
		士気		
織田信長	徳川家康	総大将の家紋	朝倉義景	浅井長政
 五つ木瓜	 三つ葉葵		 三つ盛木瓜	 三つ盛り亀甲
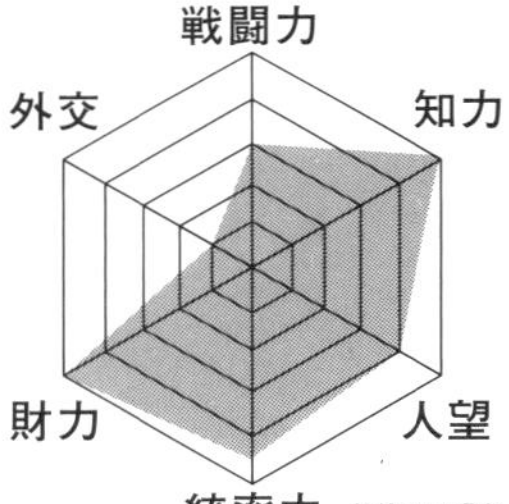 数値は同盟者の戦力も加味		総大将の能力値	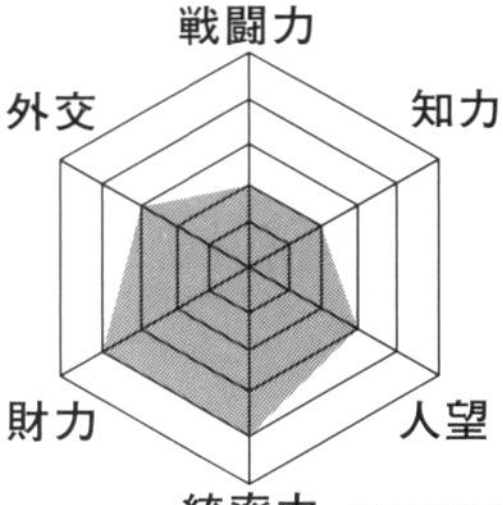 数値は同盟者の戦力も加味	
この頃になると信長の力量を疑う者はいない。また、将軍・足利義昭を後盾としたことで人望力もアップ、畿内の大名を従えることができたのもこれが大きい。しかし、同盟者である浅井長政の裏切りをまねくあたりは……外交力には疑問符がつく。		備考	長く越前を支配してきた朝倉氏の統領だけに、この頃はまだ人望や統率力もそれなりにあった。しかし、越前一国の支配に満足して、領土的野心はゼロ。したがって確固たる戦略もなく、戦国大名としてはかなり物足りない人物ではある。	

信長が金ケ崎城攻めを指揮した妙顕寺から見た天筒山城跡

破竹の進撃で越前平野に迫る織田軍団 しかし後方から「死の影」が……!!

織田軍は北上して予想通り若狭に入った。そしてこのまま西進すると思いきや、4月25日に若狭から国境を越えて、越前の敦賀に侵攻を開始する。このとき、諸将も信長の攻略目標が初めて分かった。敵は越前の朝倉氏だったのである。この信長の行動に驚いたのは織田軍の諸将だけではない。この当時はまだ信長と同盟関係にあった浅井長政も絶句したことだろう。織田との同盟が成立する遙か以前から、浅井と朝倉は盟友だった。浅井氏が近江北部に版図を維持できたのも、朝倉氏の助力によるところが大きい。信長と同盟を締結するにあたっても、浅井氏側からは「朝倉氏には敵対しないこと」という特別条項が書き添えられている。

なんの相談もなしに越前へ侵攻した行動を浅井氏側は「裏切り」とさえ感じただろう。

しかし、それでも長政は黙認すると信長は確信していた。もし、浅井氏が同盟関係を破棄して朝倉氏につけば、織田軍は南北から挟撃されることになる。また、江北が勢力圏の浅井氏からすれば、京都方面からの織田軍の兵站線を切るのは容易い。補給路を失った軍隊ほど脆いものはなく、壊滅は必至である。

「長政が寝返るわけがない」

妹のお市を嫁がせてつくった義兄弟の関係、信長はその絆の固さを信じていたのだろう。敦賀に乱入すると要害の天筒山城を力押しで落城させて、1000を超える首を討ち取っている。その余勢をかって、敦賀郡の拠点である金ケ崎城（福井県敦賀市）も落城させてしまった。信長はわずか数日で敦賀郡を制圧、朝倉氏の本拠である越前平野に入る木ノ芽峠も間近という位置にまで進軍していた。凄まじい勢いである。誰もがこのまま一気に朝倉氏の本拠に攻め入ると思っていた。しかし、

「まさか!?」

信長を驚愕させる出来事がここで起こる。浅井長政が裏切って、後方の江北から織田軍を挟撃してきたのである。長政からすれば「最初に条約を破ったのはそっちだろう」という思いがあったのかもしれない。朝倉氏を攻めても長政が服従すると思い込んでいた信長にしては、珍しく読みが外れた。上洛を果たして昇り調子の時期だけに、信長といえども自信過剰に陥っていたのかもしれない。とにかく、これで織田軍

はいきなり窮地にたたされた。

即座の決断で窮地を脱した信長！
負け戦ながら「稀代の名将ぶり」を発揮

だが、ピンチを迎えて信長の真骨頂は発揮された。決断の早さは戦国大名のなかでも飛び抜けている。4月28日、長政の裏切りを知った信長は、不利を悟って即座に撤退を決断。その日の夜には、わずかな供回り衆を連れて、京をめざして馬で駆けに駆けた。諸将や兵を見捨てて逃走したという感じもあるが……桶狭間合戦のときにも、いきなりの出陣で家臣たちは後を追うのに必死だった。このときはさらに速く、後を追うこともできず、皆がただ唖然と見送るのみ。攻めるときも逃げるときも疾風のよう。この速さが、信長の戦術の特徴。地獄の戦場を生き残るための最良の手段だろう。

戦いは攻めるときよりも、撤退するときのほうが難しいのだ。

総大将である信長の逃走を見て、織田軍の諸将も慌てて撤退を開始した。そして、とくにこの戦いで賞賛をうけたのが、最も被害の大きい殿軍を引きうけた木下藤吉郎《とうきちろう》（後の羽柴秀吉）の部隊だろう。この頃、彼はまだ織田軍でも貴重品だった鉄砲をかき集めて、火力を有効に使って敵の突撃を食い止めながら、見事に殿軍の役目を果たして生還している。また、織田軍の他の部隊も、このときの撤退戦での行動は見事だった。じつによく統率がとれて、要所要所で効果的な反撃をくわえながら、追ってきた朝倉軍に突撃してくる隙を与えない。「尾張の弱兵」と揶揄される織田の軍勢ではあるが、己の生死

合戦MVP

木下藤吉郎（羽柴秀吉）
見事な撤退戦で窮地を救う

通説によれば、浅井氏の裏切りによって織田軍が騒然となったとき、藤吉郎（秀吉）は自ら殿軍を申し出たという。

敵中深く進軍していた織田軍が、浅井の裏切りによって挟撃をうけた絶体絶命のピンチである。この状況での殿軍は、全滅も覚悟せねばならない。たとえ自分の軍勢が壊滅しても、味方が撤退する時間を稼げれば、それだけでMVPに値する。ところが、この時の木下藤吉郎は自分の部隊からもほとんど犠牲を出すことなく撤退戦に成功している。これは奇跡に近い離れ業である。

のかかった撤退戦では、なかなかの強さを発揮したようだ。

また、退却路には若狭と京の間に連なる山間部の険しい道である朽木谷《くつきだに》が選ばれたが、この要害の地には浅井や朝倉の軍勢も容易に入ってこられない。朽木谷を支配する朽木元綱《くつきもとつな》をしっかりと味方につけて退路を確保しておいたあたりに、信長が並の戦国大名ではないところがうかがえる。負けたときのことまで想定して対処法を考えることができる将は少ないものだ。

信長自身も朽木谷を抜けて4月30日には無事に京へ到着している。また、潰走することなく迅速に撤退できた軍勢は、死傷者もほとんどなく、装備の損失も少なかった。このため、すぐにでも軍勢を立て直して、浅井・朝倉連合軍への復讐戦をおこなうことも可能であった。

勝敗のポイント

義弟・長政の「まさかの裏切り」——これが戦況を一変させた！

火縄銃

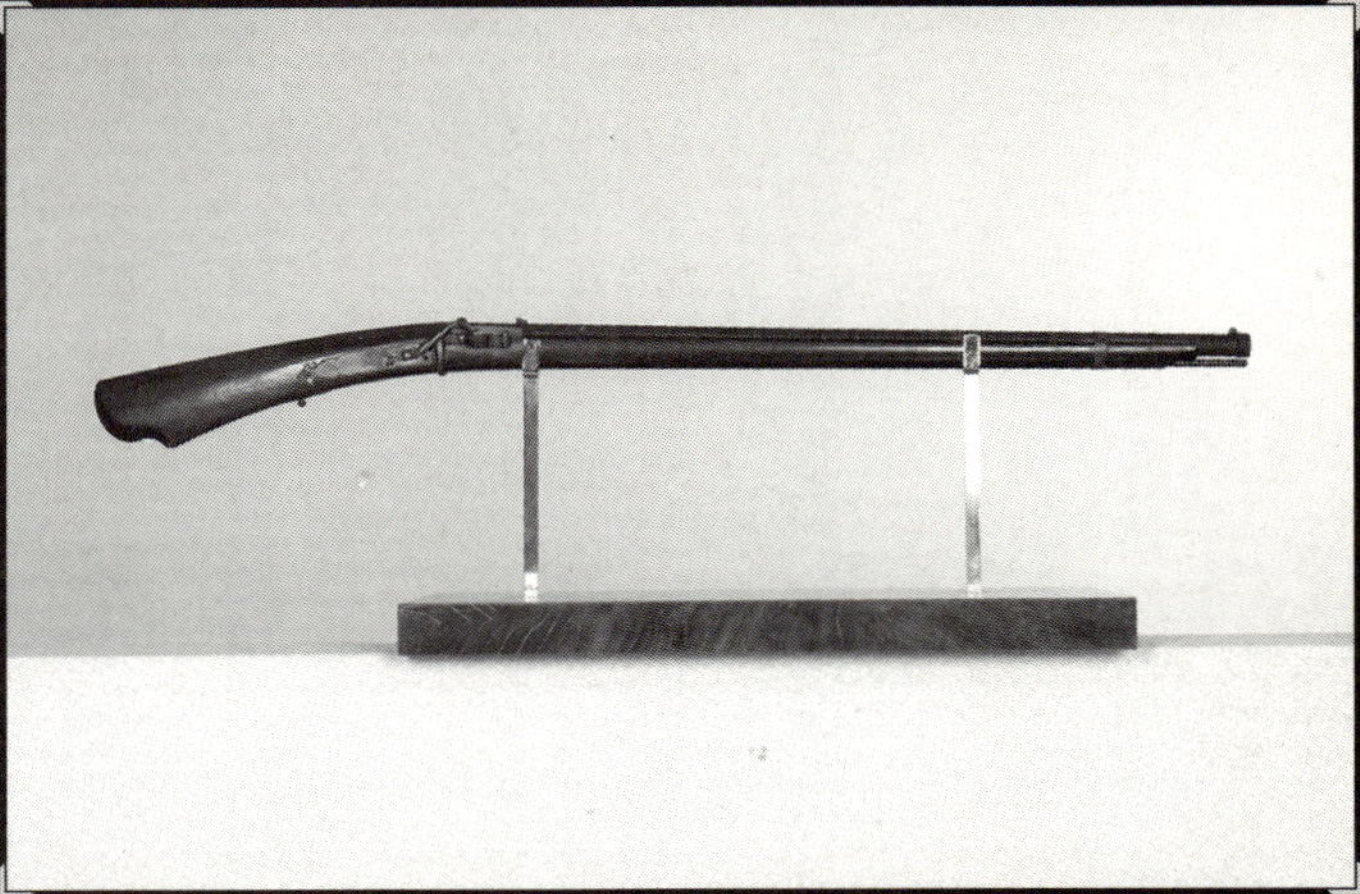

ポルトガル初伝来火縄銃（個人蔵・写真提供／種子島開発総合センター）

ヨーロッパで発明された鉄砲は天文12年（1543年）に種子島へ漂着したポルトガル人により日本へ伝えられた。島津氏が大隅半島の加治木城攻めに使用したのが、実戦に使われた最初の例とされる。その威力は従来の弓に勝り、兵器としての将来性を諸大名は認めていた。しかし、当時は高価な輸入品であり数挺の鉄砲が威嚇などに使われたのみだった。

だが、やがて堺や近江の国友村などで国産の鉄砲が製造されるようになると、保有数も増えてくる。とくに城攻めでは効果を発揮する。このため、従来の小規模な山城は鉄砲の脅威に抗えず時代遅れな代物になった。山城から平山城や平城へと築城法に大変革が起こったのも、鉄砲の影響によるところが大きい。

また、織田信長が長篠合戦で集中運用して武田氏の軍団を壊滅させて、攻城兵器のみならず野戦兵器としての有用性も実証。以後、戦国時代の日本において鉄砲を主要兵器に取り入れた軍制の一大変革が起こり、関ヶ原合戦では10万挺といわれる、全ヨーロッパの保有数を超える鉄砲が一同に集まる、一大火力戦が展開されることになる。

武田信玄の侵攻に、北条氏康は秘策で対抗。戦国屈指の名将対決は、甲相国境の三増峠で決着の時を迎えた！

武田信玄 × 北条氏康

永禄十二年（1569年）

三増峠の戦い《みませとうげのたたかい》

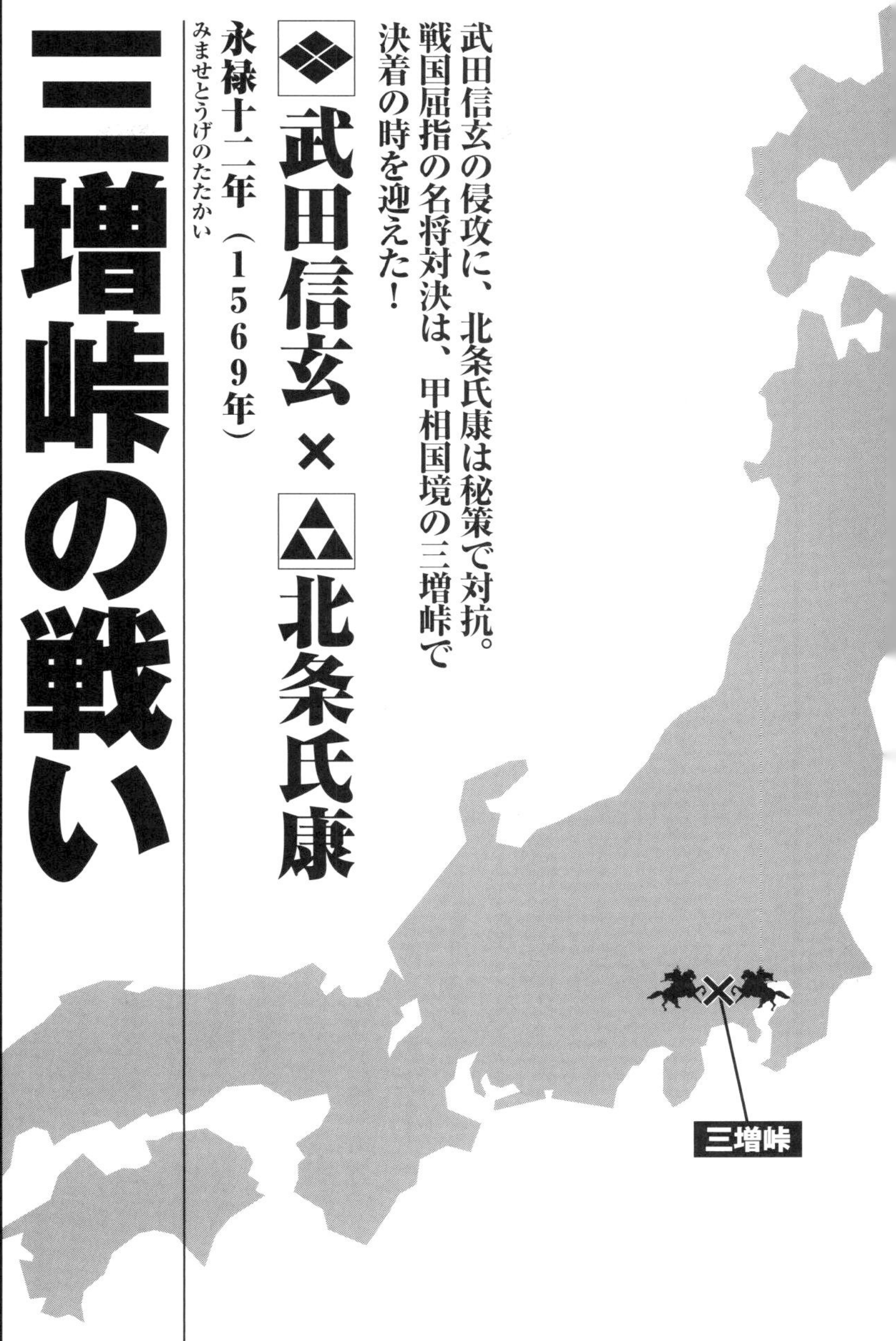

戦国の二大名将が直接対決したドリームマッチ！

信玄や謙信も攻めあぐねた北条氏が誇る戦国随一の堅城

甲相駿三国同盟は北条氏にも武田氏にも多大なメリットがあった。両者は同盟の恩恵により後背を心配することなく、関東や信濃の攻略に邁進することができた。しかし、今川義元が桶狭間で戦死すると、義元の後継者である今川氏真《うじざね》の暗愚につけこんで信玄は駿河へ侵攻。武田氏に駿河を奪われては、北条氏の本拠である小田原城も危うくなる。氏真からの救援要請をうけて北条氏康も相駿国境に出兵。ここに三国同盟は完全に破綻した。

無敵の軍団を率いる武田信玄に対して、河越夜戦で10倍近くの敵を破った北条氏康。戦国武将として最も高く評価される両雄が、対決姿勢を露わにした。

先手を打ってきたのは信玄である。永禄12年（1569年）2万人の大軍を動員して氏康の本拠である武蔵、相模へ侵攻してきた。武田軍は破竹の進撃で小田原へ攻め込み小田原城を囲んだが、これは氏康にとっても想定内。むしろ、信玄が氏康の術中に嵌《はま》ったともいえる。氏康は戦国時代では随一の名城といわれる小田原城の鉄壁の防御に自信をもっていた。また、小田原城を中心に関東全域に張り巡らされた支城ネットワークも強固である。

北条勢は小田原城や周辺の支城に篭城したまま、戦力を温存している。信玄に小田原までの進撃を許したのは、武田軍団を恐れているわけではなく作戦だったのだ。領地の奥深くまで敵を誘い込み、兵糧や戦力の消耗を待つ持久戦法。

両軍戦力比較表

武田軍	VS	北条軍
甲斐、信濃など３カ国	領国	相模、武蔵など４カ国
90万石	石高	100万石
20,000人	動員兵力	30,000人
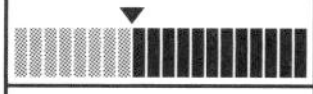	装備	
	補給力	
	精強度	
	士気	
武田勝頼、武田信廉、馬場信房、内藤昌豊、山県昌景、浅利信種ほか	主な武将	北条氏政、北条氏照、北条氏邦、北条氏忠、高城蔵人、原胤栄、上田朝直など
武田信玄  四つ割菱	総大将の家紋	北条氏康  三つ鱗
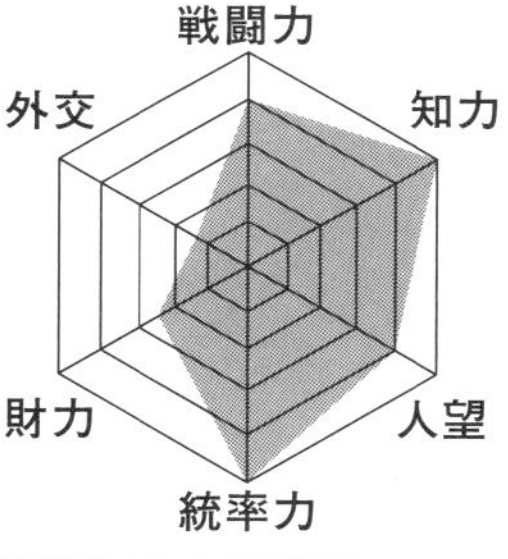	総大将の能力値	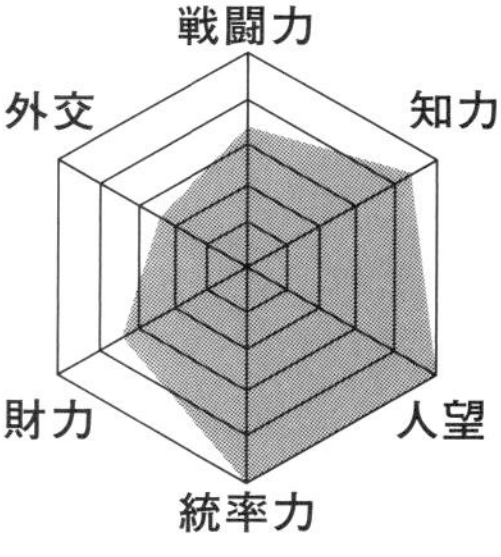
いわずと知れた名将。その勇名は全国に鳴り響いている。氏康と同様、武田軍団の力が最も充実した時期。それだけに、力を過信した戦略に出てしまう。三国同盟を破棄して駿河を奪ったのも、北条氏康の力量を侮っていたのかもしれない。敵にまわすと面倒な相手ではある。戦うより和睦を図るべきだった。	備考	戦国時代を代表する名将のひとりであり、とくに領国統治で抜群の才覚を発揮した人物でもある。この時期は彼の能力が最も充実した頃で、人望と統率力では最高点。しかし、信玄を敵としたのは外交的には大きな失態である。後背に強敵ができてしまったことで、北関東への侵攻も難しくなった。

北条軍の死者は4千人を超えたといわれる三増峠の合戦場跡

かつて上杉謙信も10万人の大軍を率いて小田原まで侵攻したが、氏康のこの作戦に引っかかりいたずらに戦力をすり減らして撤退している。小田原城の難攻不落を信じているからできる戦い方だが、このときもやはり功を奏した。

小田原城は落ちない。兵糧を食い潰した武田軍は、しだいに弱体化してきた。このままでは武蔵や相模の各地の支城に篭城した北条勢も息を吹き返してしまう。信玄は焦りを感じていた。

撤退を決意した信玄に氏康は巧妙な罠を仕掛けたが……

「そろそろ潮時か」

信玄もついに撤退を決意した。

すでに残り少なくなった兵糧を節約するため、武田軍の帰路は相模川を北上する甲斐までの最短コースが選択された。三増峠（神奈川県相模原市）から道志川の山峡を抜ければ、武田軍の本拠である甲府盆地もすぐである。

　武田軍の動きは、小田原城の本丸からも見えたはずである。これを見て氏康は、

「勝った！」

　そう確信したに違いない。このルートで敵勢が撤退することを彼は想定して、逆襲の作戦を考えていたのだ。すでに武蔵方面では北条氏照と氏邦が2万人の軍勢を招集している。これが甲州街道方面より先回りして、三増峠付近で撤退してくる武田軍を待ち伏せる。そして、小田原城に篭る1万の軍勢もこれを追撃して、武田軍を挟撃しようというのである。

　しかし、信玄も用心深い。様々な状況を想定して、各所に斥候部隊を差し向けて偵察している。当然、三増峠付近で敵が待ち伏せしていることも察知していた。だが、力づくでもそこを通らないと生きて甲斐へは帰れない。峠で待ち伏せる敵将が氏康の三男の氏照、四男の氏邦と知って信玄は、

「名将・氏康でさえこの信玄を恐れて篭城したのだ。若輩の倅《せがれ》どもに何ができようか、力ずくで突破するぞ！」

　そう言って将兵を叱咤した。

　一方、小田原城から氏康とその嫡男・氏政に率いられて追撃してきた軍勢が遅れているというのも、信玄には朗報だった。挟撃を狙うのは、タイミングが難しい。追撃する側は、味方の待ち伏せるポイントに敵が到達した瞬間に攻撃を仕掛けるのがベスト。若い氏政はこの仕掛けの時を逸していた。

三増峠の戦い

名将の誉れ高い両雄は窮地に「同じ決断」を選択！

信玄からすれば、氏政の追撃部隊が追いついてくる前に、前方の敵を突破して退路を確保せねばならない。そのためには速攻だ。即座に先発隊１０００人を動かして三増峠付近にあった津久井城を攻略し、峠までの要路を確保したあたりはさすがといえる。これによって進撃も容易となり、北条氏照と氏邦の２万人が集結する三増峠付近に到着した。

到着して早々、信玄は夜になると次なる行動に出る。山県昌景に別働隊の５０００人を預けて東方へ迂回させてから、自らは本隊を率いて三増峠へ向かったのである。峠付近に陣取った北条軍も、これに攻撃をくわえてきた。最初のうちは北条軍が優勢だった。武田軍は押し込まれて、ジリジリと後退する。しかし、迂回してきた山県隊が、山中の森から飛び出していきなり北条軍の背後から襲いかかってきたことで形勢は一気に逆転する。挟撃するつもりが、逆に挟撃をうけた北条軍は総崩れとなった。

北条軍も決して弱くはない。各地を転戦して戦闘経験も豊富な古強者が多い。しかし、その戦場のほとんどが広大な関東の原野である。平地での機動戦には強い。だが、やはり山岳戦には山深い甲斐や信濃で戦ってきた武田軍に一日の長がある。高低差や森などの遮蔽物を利用した巧みな戦術も、要所要所で功を奏して、北条軍に態勢を立て直すときを与えず敗走させた。

三増峠周辺から北条軍が駆逐され武田軍の退路が確保された頃、小田原城から追撃してきた

合戦MVP

山県昌景

疾きこと風の如し！

「昌景のゆくところ敵なし」といわれた武田家中でも随一の猛将。別働隊を指揮して、北条軍の後方に迂回して攻撃を仕掛けた。山中を迅速に動いて敵の虚を衝いた奇襲攻撃を成功させた手腕はみごと。武田軍団の旗印である「風林火山」の「疾《はや》きこと風の如し」を実践した用兵である。

彼の活躍によって、北条軍を早い段階で崩すことに成功。後方から氏政の軍勢も迫っていただけに、この活躍がなければ戦いがもつれるうちに敵の増援部隊が到着し、武田軍が窮地に陥った可能性もある。それだけに、これはMVP級の働きといえるだろう。

北条氏政の部隊は、三増峠から6キロ余りの地点にまで迫っていた。この1万の軍勢があと数時間早く到着していれば、おそらく信玄は窮地に陥ったことだろう。だが、三増峠で味方が敗れたことを聞いた氏康は、

「ここまでだ。撤収する」

早々と追撃をあきらめて小田原城へ引き返したという。待ち伏せ部隊が撃破された後では兵力的に不利。しかも、武田軍の得意な山岳戦に持ち込まれては勝算も薄い。そういった判断が瞬時にできるところも彼の名将たる所以だろう。

結局、信玄との勝負は引き分け。以後、ふたりの直接対決はなかったが、敵対関係はつづくことになる。これは、双方の信濃や関東への進出を阻害し、戦略的には大きなマイナス要因となってしまった。

勝敗のポイント

さすが名将ふたり！ 互いに「引き際」を心得ていたことで痛み分けに

5万の兵が激しく激突した
戦国時代最大級の野戦！

05

戦国十大合戦

姉川《あねがわ》の戦い

元亀元年（1570年）

織田・徳川連合軍 × 浅井・朝倉連合軍

信長包囲網の寸断を狙って、織田・徳川連合軍の大軍勢が近江へ侵攻。これを迎え撃つ浅井・朝倉連合軍と、姉川河畔で雌雄を決する。

盟友・浅井長政が裏切り 信長は絶体絶命のピンチに！

美濃や北伊勢を攻略した織田信長の版図は、100万石を超えて日本最大級の大名に成長している。近江国南部を支配していた六角氏を屈服させ、美濃から京へ至るルートを確保した後に、流浪の将軍・足利義昭《あしかがよしあき》を奉じて上洛を果たした。周辺の諸大名に将軍の名で上洛を命じたときは、絶頂の気分だったろう。

しかし、越前の朝倉義景《あさくらよしかげ》はその命令を拒否。この頃、信長との関係が微妙になっていた将軍・義昭と密かに連携しながら敵対姿勢を露わにしていた。

信長は討伐のために元亀元年（1570年）、越前へ侵攻。朝倉氏は越前一国を支配する北陸の巨大勢力だったが、力では3万人の大軍を要した織田勢が遙かに勝っている。信長も楽勝を確信していたのだが……ここで、北近江の浅井長政が突如、叛旗を翻す。長政は信長の妹・お市の方の夫でもあり、三河の徳川家康と同じく、織田家にとっては頼りになる同盟者のはずだった。しかし、浅井氏は朝倉氏とも先代の頃から深い絆で結ばれ、織田と同盟するときにも「朝倉氏とは戦わない」という特別条項が付けられていた。信長の越前侵攻は浅井氏にとっては協約違反。同盟を破棄して信長と戦うことに、なんの躊躇もない。長政の軍勢に後背を衝かれそうになった信長は、命からがらの撤退戦で京へ逃げ帰った。

この一戦を契機に、信長は逆風に見舞われる。陰謀好きな将軍・足利義昭もまた、信長の傀儡《かいらい》

戦国十大合戦

両軍戦力比較表

織田軍		VS	浅井軍	
尾張、美濃、伊勢、志摩など		領国	近江国北部	
主な武将	150〜200万石	石高	約20万石	主な武将
坂井政尚、池田恒興、木下藤吉郎（後の豊臣秀吉）、柴田勝家、森可成、佐久間信盛、丹羽長秀、徳川家康（援軍）など	30,000人	動員兵力	18,000人	磯野員昌、浅井政澄、阿閉貞秀、新庄直頼、遠藤直経、大野木秀俊、三田村国貞、朝倉景健（援軍）など
		装備		
		補給力		
		精強度		
		士気		
織田信長	徳川家康		朝倉義景	浅井長政
 五つ木瓜	 三つ葉葵	総大将の家紋	 三つ盛木瓜	 三つ盛り亀甲
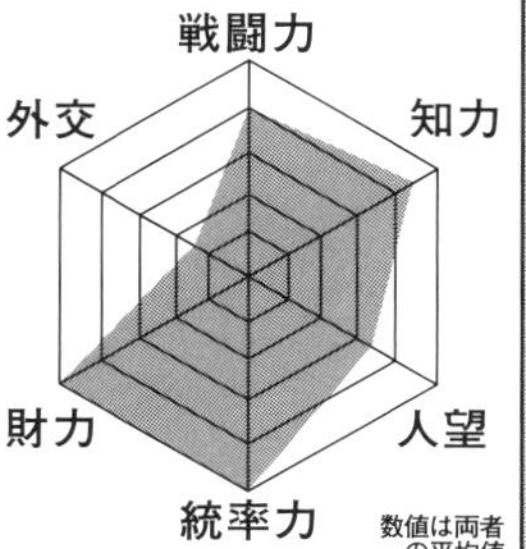 数値は両者の平均値		総大将の能力値	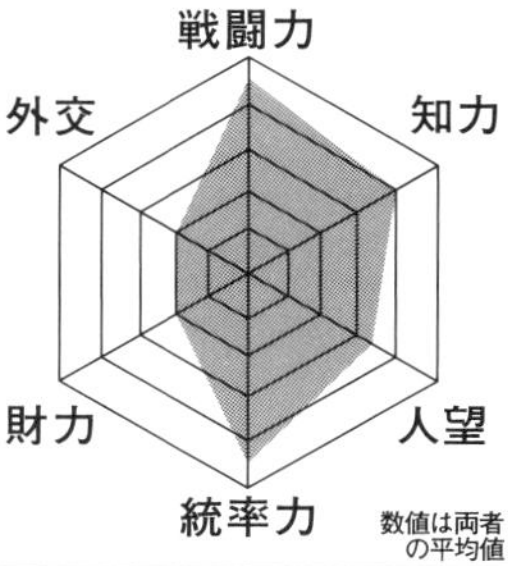 数値は両者の平均値	
桶狭間合戦の頃と比べれば、信長の能力値は格段に向上している。とくに将兵たちからの信頼を得て、統率力はかなり高まったといっていいだろう。しかし、四面楚歌の苦しい状況を招いたのは、外交センスの欠如からか？		備考	知勇に優れた長政は、浅井家の家臣団には期待の星だった。彼のカリスマ性も浅井軍団の強さの理由。しかし、戦術レベルの戦いには強さを発揮するが……果たして彼の行動に「戦略」があるのかといえば……疑問符がつく。	

として満足しているような男ではなかった。手痛い敗戦で織田軍が弱ったとみると、その息の根を絶つ謀略を仕掛けてくる。義昭はわずかに残る将軍の権威を利用して浅井・朝倉連合はもちろん、新興勢力の織田家を快く思わない近畿各地の大名、さらには本願寺などの宗教勢力にまで提携を呼びかけて、後世に「信長包囲網」と呼ばれる大連合をつくりあげてしまった。

敵対勢力に囲まれ、さらには各地で本願寺が指揮する一向一揆が起こり四面楚歌の状況。上洛を果たしたときの得意満面の笑みは消え失せ、桶狭間合戦以来の危機に信長の額にもうっすら冷汗が滲んだことだろう。

しかし、ここからが信長の並の武将でないところ。京から撤退するなど後ろ向きなことは考えない。兵農分離をほぼ完成して1年365日いつでも軍事行動可能な常備軍をもっていることが彼の強み。その特性を活かして、軍団を休ませることなく西へ東へ動かして、四方の敵を各個撃破する戦法に出たのである。

なかでも信長が最優先の攻撃目標としたのが浅井氏である。長政の裏切りに対する憎しみもある。また、浅井氏の領地である北近江は、信長の本拠地・岐阜と京を結ぶ街道にも近い戦略上の要地だった。一度は信長に屈服した南近江の六角氏も、浅井氏と連携して信長に敵対する動きを見せている。近江を遮断されると信長は京への影響力を失ってしまう。

「急がねばならない」

信長の行動は早い。いつでも出撃可能な大量の常備軍を即座に召集して、再び岐阜より近江に向けて出兵した。

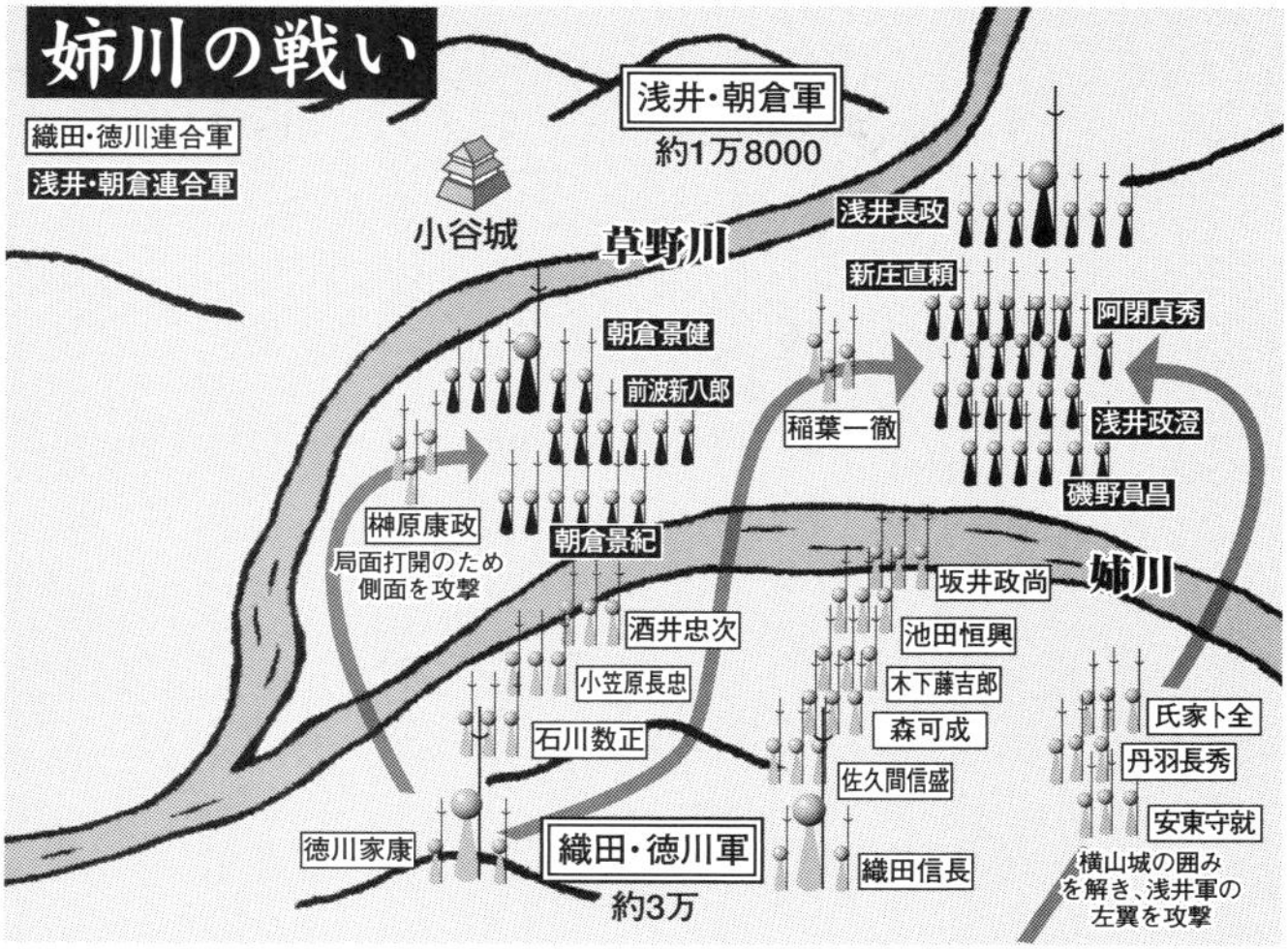

両軍は姉川の両側に布陣。序盤は浅井・朝倉軍が優勢だったが、徳川軍の榊原康政が姉川を渡り、側面を攻撃したことで朝倉軍は混乱。一気に形勢が逆転した

各個撃破の果敢な戦略を展開 3万の大軍を江北に侵攻させる

織田軍が岐阜より出兵したのは、越前での敗走劇からわずか2カ月後の元亀元年（1570年）6月のことである。この時に信長が率いた美濃、尾張の軍勢は2万4000人にまで達していた。北近江三郡の領主でしかない浅井氏が単独で抗うことは不可能な大軍である。

「信長が来る！」

予想だにしなかった素早い反撃に、浅井氏に従う北近江の在地領主たちは完全に浮き足立った。美濃との国境付近にあり、真っ先に信長の軍勢に蹂躙されるであろう坂田郡の領主だった堀秀村は、抵抗することなく慌てて信長に恭順している。山峡の多いこの地で在地勢力に抵抗

織田信長の義弟でもあった浅井長政の居城があった小谷城跡

されたら、大軍も行軍に手間取ったはずである。ここでも信長の迅速な出兵が吉と出た。坂田郡を占領できたことで、長政の本拠である小谷城までは易々と進軍できる。

しかし、この城は厄介だ。

海抜480メートル。小谷山一帯の尾根筋や谷筋に郭が連なる急峻な地形を利用した天然の要害は全山が要塞化され、その規模も壮大。浅井氏3代の居城であり、長い年月をかけて堅牢な石垣や深い堀切などが各所に造られ、万全の防衛設備が整っている。上杉謙信の春日山城などと共に「日本五大山城」のひとつにも数えられる、戦国時代でも有数の難攻不落の城塞。たとえ何万の大軍で攻めようが簡単に攻略できるものではない。しかも、城内には5000人以上が篭り、他も合わせると、兵力は約1万人。

周辺には多数の支城もあり、これらが連携して兵站を遮断してくるような戦術に出られては厄介だ。速攻の機動戦を好む信長ではあるが、ここは力押しは無理と悟り、腰を据えての戦いを覚悟したようだ。

織田の軍勢は小谷の城下町に放火した後、そこから南方10キロにある支城の横山城へ向かった。まずは小谷城の南方にある支城をひとつずつ攻略して、岐阜と京を結ぶ街道の安全や後方の兵站線を確保し、盤石の態勢をつくる。そして、小谷城の孤立化をはかりながら、長期戦で落城へと追い込む戦略をとったのである。

信長の戦略は着々と実行に移され、織田軍が横山城の包囲を完了してまもなく、三河より徳川家康が6000人の援軍を率いて到着した。徳川軍と合流した信長の兵力はさらにふくれあがり、浅井氏は次第に追い詰められてゆく。長年の盟友の苦境を見て、朝倉氏も援軍を派遣することを決定。朝倉氏の一族である朝倉景健《かげたけ》に率いられた8000人が江北の地に到着する。

ここで、織田・徳川連合軍と、それに対する浅井・朝倉連合軍のバトルオーダーが出揃った。

朝倉軍は小谷城の東方にある大依山《おおより》に陣取った。援軍の到着に浅井勢も奮い起ち城を出てこれと合流する。

大依山は横山城から5キロしか離れていない。戦雲はいよいよ急を告げる。

戦意旺盛な浅井軍が姉川を渡河 織田の大軍めがけて果敢に突撃

援軍が到着したとはいえ、織田・徳川連合軍とまだ約2倍の兵力差があった。それでも、この時の浅井・朝倉連合軍側の戦意は旺盛である。しかし、ここで信長にしては珍しく状況を見誤ってしまう。兵力で圧倒的に不利な敵は、決戦を避けて撤退するだろう……そう考えてしまったのだ。そして、浅井・朝倉連合軍が大依山から北へ後退する動きをみせたために、その予測は確信へと変わる。

「敵は小谷城へ撤退した」

信長はそう断言した。

しかし、浅井・朝倉連合軍の後方への移動は、あきらかに欺瞞《ぎまん》行動だった。夜陰にまぎれて軍勢は南へ方向転換している。ようやくそれを察知した織田・徳川連合軍もこの動きに慌てて対処しようと、姉川（滋賀県長浜市）の河原でこれを迎え撃つように陣を張った。

翌朝になると、姉川を挟んで南岸に織田・徳川連合軍、北岸には浅井・朝倉連合軍が対峙した。敵の戦意を見誤って予想外の決戦を挑まれた形ではあるが、しかし、信長にとっては不幸中の幸い。好ましい展開ではある。四方に敵をかかえる織田軍にとって、いつまでも北近江に主力を展開しておくことはできない。時間のかかる攻城戦よりは、野戦で一気に勝負をつけるほうが望ましい。

後方の横山城に丹羽長秀《にわながひで》などの軍勢を残して包囲させても、まだ、信長の兵力には余裕があった。姉川河畔に布陣した織田軍の兵力は2万人。坂井政尚の部隊を先頭に池田恒興《つねおき》、柴田勝家、佐久間信盛などの諸将の部隊が幾層にも重なる13段構えの堅陣を組んで、その最奥に信長の本陣が置かれた。また、織田軍の左翼には徳川家康が布陣している。対岸の浅井・朝倉連合

05 姉川の戦い

三河武士団の強さが光った一戦。序盤こそ互角だったが、家康の策がズバリと的中してからは、一方的な展開となってしまった

合戦時、浅井・朝倉連合軍の血で染まった姉川（滋賀県東浅井郡浅井町）

軍もそれぞれ、浅井は織田と、朝倉は徳川と対峙した。

援軍の徳川軍6000人と朝倉軍8000人の兵力は朝倉軍が優位ではあるが、これは圧倒的な差とはいえない。家康が率いる屈強な三河武士団なら、この劣勢にも簡単には屈しないだろう。また、織田軍と浅井軍の場合は2万人と1万人……数のうえでは勝負にならない。しかも、戦場はなんの遮蔽物もない広い河原であり、兵の数がモノをいう場所でもある。

しかし、この寡兵である浅井勢が、ここでは最も戦意が旺盛だった。巳の刻、現在でいう午前10時頃、浅井軍の突撃により戦いの火蓋は切られた。

浅井の動きにつられるように、徳川軍も対峙する朝倉軍へ攻撃を開始している。

磯野員昌「十一段崩し」の猛攻で織田軍は壊滅寸前のピンチに！

浅井軍の先鋒として最初に姉川を渡河して織田軍に突撃したのが、佐和山城を本拠にする武将の磯野《いその》員昌《かずまさ》。これまで幾度も浅井軍団の切り込み隊長として武功を立ててきた、先鋒のエキスパート。とくにこの日の彼の猛将ぶりは際だっていた。精兵500人を率いて、織田軍の先頭にあった坂井政尚の部隊を瞬時にして蹴散らし、そのまま池田信輝や木下藤吉郎《きのしたとうきちろう》の陣も苦もなく突破、さらに、織田家中では随一の猛将といわれた柴田勝家の陣も撃破して、森可成《よしなり》の陣に殺到する。13段構えの堅陣のうち11段まで破られ、この後、員昌は「十一段崩し」の異名で呼ばれることになる。

員昌が突破した後につづいて、浅井軍の他の武将たちも殺到してくる。織田軍の主力である尾張兵は、もともと「日本一の弱兵」という有り難くない定評がある。また、兵農分離を急ぐ織田軍団には、戦場働きで諸国を流浪する者も多く、土地に根を張る他国の足軽衆と比べれば主君への忠誠心も薄い。形成不利となれば逃亡する兵も多かった。兵農分離の専業武士は必ずしも精強とは限らない……。

逆に家族や血縁が安住できる地を守ろうという浅井軍の将兵は必死である。その思いの差が倍にもなる兵力差を埋めてしまったようで、織田軍は押しまくられ、いまや信長のいる本陣でさえ危ない状況になってきた。

一方、徳川軍と朝倉軍の戦いだが、こちらも寡兵の徳川軍のほうが優勢。お互い援軍として江北の戦場へ従軍してきたのだが、徳川軍の戦意は旺盛だった。隣国の尾張とは違って、三河の兵はもともと甲斐や越後とならんで「強い」と評価は高かった。また、桶狭間合戦からこのときに至るまで、戦いに明け暮れ戦場経験も豊富である。それに対して朝倉軍はこれまで越前を動くことがなく、初陣の将兵も多かった。さらに経験不足にくわえて、他国への援軍で命を失うのは馬鹿馬鹿しいと戦意も萎えている。そうなると、こちらも兵力差は問題とならず、劣勢なはずの徳川軍が朝倉軍を圧倒して、本多忠《ただ》勝《かつ》の部隊が敵陣の正面突破に成功。朝倉軍は総崩れとなってしまう。

両陣営ともに、寡兵の浅井軍と徳川軍が優勢となる。兵の数よりも、その質と士気が勝敗の決め手となっていた。

徳川軍団の活躍で形勢逆転浅井・朝倉連合軍は総崩れとなる

織田軍は横山城を包囲していた部隊もかけつけて、なんとか浅井軍の猛攻をしのいでいる状態だった。そこに、朝倉軍の陣を崩壊させて姉川の北岸の深くまで進撃した徳川軍は、ここから右に大きく迂回して横合いから浅井軍を攻撃した。この徳川軍の一撃で浅井軍は混乱した。一度、崩されてその勢いが止まってしまうと、寡兵の浅井軍は脆《もろ》い。四方から織田・徳川連合軍の大軍に攻められ、午後2時頃には敗走しはじめる。4時間の激闘は織田・徳川連合軍の勝利に終わり、浅井・朝倉連合軍は２０００人もの戦死者をだして北国街道を小谷城方面へ逃走していった。ちなみに、両軍の激突で血に染ま

合戦MVP

徳川家康

三河武士団が獅子奮迅の大活躍

この戦いのMVPは文句なく徳川家康と、彼の指揮する精強な三河武士団。まずは多勢の朝倉勢を圧倒して蹴散らしながら、さらに、横合いから浅井勢を攻撃して崩している。まさに獅子奮迅の活躍ぶり。倍の兵力をもつ織田勢を押しまくっていた浅井勢もかなり強かったが、三河武士団の敵ではなかった。

もし、家康の援軍がなく、織田勢が単独で戦っていたら状況からして敗北は濃厚……ひょっとしたら最後の防陣も浅井勢に破られて信長が戦死するなんてこともありえたかもしれない。

った戦場は「血原」「血川」と呼ばれ、その名は現在も地名として残っている。

さて、姉川で織田軍を圧倒した勇戦で、浅井氏は死力を出し尽くしてしまったのだろう。甚大な人的被害を回復できずに、その後は守勢一方だった。先鋒で大活躍した磯野員昌なども織田方に寝返り、その勢力は急速に衰えている。もはや、織田軍によって制圧された琵琶湖南岸を侵す力はなかった。また、頼みとする援軍が敗れ去ったことで横山城も降伏して信長の軍門に下り、小谷城と北国街道沿いの要衝である佐和山城との連絡が遮断された。これによって、孤立した佐和山城をはじめとする浅井領南部の諸城も次々に織田方に取り込まれ、岐阜と京を結ぶ街道の安全を確保するという、信長の戦略目的は達成することができた。

勝敗のポイント　徳川軍の奮戦、浅井軍の側面を衝いた一撃！

竹中《たけなか》重治《しげはる》

／天文十三年（1544）－天正七年（1579）

主君…豊臣秀吉

竹中半兵衛重治肖像（禅幢寺所蔵）

「日本の諸葛孔明」と異名された秀吉が三顧の礼で迎えた名軍師

別名半兵衛。山本勘助とならんで戦国の日本で最も有名な軍師だろう。隠棲している彼を木下藤吉郎（後の豊臣秀吉）が三顧の礼を尽くして軍師に迎えたあたりは『三国志』の諸葛孔明のエピソードを彷彿とさせる。長篠合戦で武田軍の陽動作戦を見抜いて木下隊の危機を救ったり、播磨・三木城攻略などで知謀を発揮。秀吉の天下獲り直前に病没してしまったのが悔やまれる。

木崎原《きざきばる》の戦《たたか》い

元亀三年（1572年）

伊東義祐 × 島津義久

日向へ侵攻してくる島津氏に対して、伊東氏は十倍の大軍をもって敵の拠点・飯野城の攻略作戦を開始。楽勝かと思いきや……!?

「九州の桶狭間」と呼ばれた壮絶すぎる奇襲戦！

日向一国を平らげた猛将・伊東義祐が島津氏の北進作戦の前に立ちはだかる！

島津氏は鎌倉幕府の御家人として薩摩、大隅の領主として赴任して以来、この地の守護として君臨してきたが、地元の土豪の叛乱や一族間の争いで統治には苦労していた。やっと領国の統一が完成したのが永禄9年（1566年）。義《よし》久《ひさ》が第16代当主となった頃からである。

領国の統治が安定すると、義久の野望は日向に向いた。島津氏が統治する薩摩、大隅は耕地が少なく、また、火山灰地が多く土地も痩せている。それと比べたら隣国の日向に広がる飫肥《おび》の平野は肥沃で生産力に恵まれている。

島津歴代の当主は、たびたび飫肥へ出兵したが、すべて失敗……飫肥の領有は島津氏の悲願でもあった。そして領国の統一がなって国力が飛躍的に向上した今こそが、その好機だった。

飫肥は伊東氏の支配する土地である。平安貴族の藤原南家に通じる名門の家柄、当主である義祐《よしすけ》は武勇に優れ、在地勢力や南から侵攻してくる島津氏などの勢力を駆逐して飫肥の地を奪った。その後は日向全域の支配権を確立し、48の支城を構築して防衛体制も盤石と思われた。

しかし……肝心の義祐が、日向統一に情熱を傾けていた頃とは別人のように堕落している。日向一国の支配に満足して領土的野心を失い、京風の文化に溺れる日々を過ごしていた。本拠の佐土原を京都を模した町並みにつくり変えて、「西国の京」と呼ばれ悦に入っていた。しかし、勇猛さを好む南九州の土豪たちはそんな義祐の変貌に呆れ果て、忠誠心も薄れていった。

両軍戦力比較表

	伊東軍	VS	島津軍	
	日向	領国	薩摩、大隅の2カ国	
主な武将	12万石	石高	46万石	主な武将
伊東祐安、伊東祐信、長峰弥四郎など	3,000人	動員兵力	300人	樺山浄慶、川上忠智など
		装備		
		補給力		
		精強度		
		士気		
	伊東義祐		島津義久	
	庵に木瓜 	総大将の家紋	丸に十字 	
	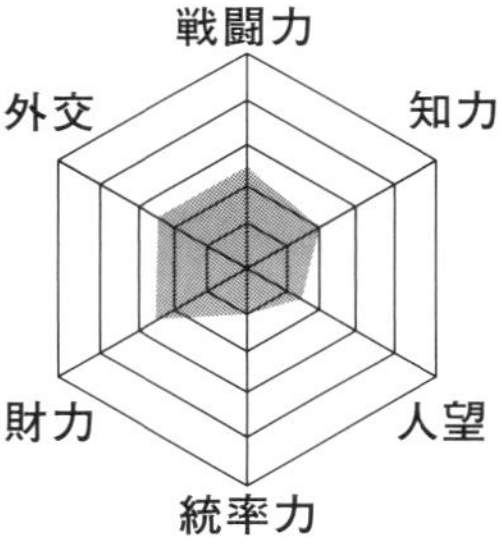	総大将の能力値	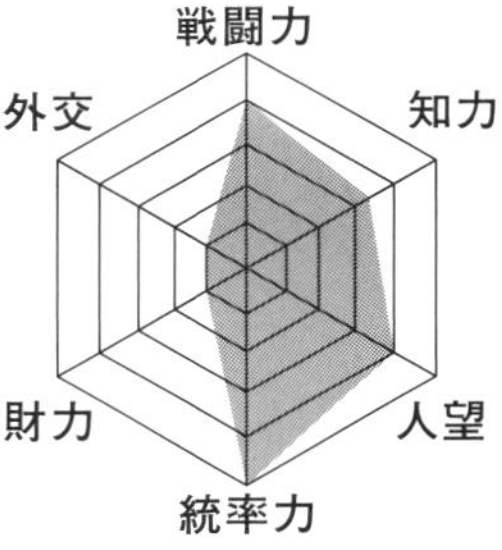	
	かつては猛将として知られ、戦上手で人望もそれなりにあった。しかし、木崎原合戦の頃には堕落して、能力的にもかなり低下しているように思われる。大将として指名された伊東祐安もまた、戦闘指揮官としては力不足だった。	備考	政治は頭首である長男の義久が、そして軍事は次男の義弘と担当が決まっていたようだ。とくに次男の義弘は軍略にかけては、島津家歴代のなかでも随一といわれる。義久は3人の弟たちをうまく使いこなして、九州を制覇していった。	

島津義弘が多くの戦死者を供養するため建立した六地蔵塔（宮崎県えびの市）

島津氏の悲願である日向侵攻へ 家中随一の猛将・島津義弘が動く

義久は、そんな義祐の心の隙につけ込んできた。彼には戦術指揮官として超一流の資質をもつ3人の弟がいた。とくに次男の義弘《よしひろ》は猛将として知られる人物で、家中でも当主の義久に次ぐ発言力をもっている。島津氏側ではその義弘を日向攻略の総司令官にあてて、日向南部への侵攻を開始した。

島津氏の侵攻の拠点は、島津領との国境に近い飯野城である。伊東軍はこの飯野城を攻略して、島津の侵攻を食い止めようと元亀3年（1572年）に出兵した。この頃、畿内では織田信長が5万人とも6万人ともいわれる動員兵力を確保できるようになっていた。それに比べて総勢3000人といわれる軍勢は少ないようにも思われるが、当時の南九州では大軍の部類である。この伊東軍の攻撃に対する島津側の守備兵はその10分の1の300人しかいない。兵力は圧倒的に伊東軍が優勢である。しかし、伊東軍の大将は一門衆の伊東祐安《すけやす》。義祐は本拠の佐土原に篭ったまま戦場へは出てこようとしない。それに対して、島津側では総司令官の義弘が最前線の飯野城で指揮にあたっている。両軍の士気はかなり違っていた。

伊東軍は飯野城を北に見ながら木崎原（宮崎県えびの市）の野を進撃した。そのまま西進して川内川を渡河。まずは飯野城の西方にある加久藤城を攻略する予定である。これを見た義弘は、飯野城に篭る全兵力300人を率いて果敢に出撃。伊東軍と戦う決意をした。

必殺の「釣り野伏せり戦法」で大軍の殲滅に大成功！

伊東軍が西進している木崎原は、川内川と池島川の中洲にある広い三角洲である。軍勢はこの南側にある池島川の畔で停止していた。伊東軍にはさらに肥後から相良《さがら》氏の援軍が合流する予定。祐安はそれを待っていた。

10倍の兵力があれば、なにも援軍を待たなくとも速攻で加久藤城を落とすべきだったのかもしれない。この城は飯野城防衛のために突貫工事でつくられた砦であり、防備も手薄で落とすのはさほど難しくない。ここにも、伊東軍の戦意の低さが見てとれる。

これに対して、島津軍はまず60人の先発隊を川内川の北岸に突出させて、大将の義弘がいる本隊は後方に控えた。さらに40人の別働隊が大きく迂回して池島川を渡り、回り込んで伊東軍を挟み込むように布陣している。そして、布陣が終わったところで義弘の本隊が動きはじめた。川内川を渡河して伊東軍に襲いかかったのだ。

しかし、その数はたったの２００人。まともに戦ってかなうわけがない。10倍以上の伊東軍に押され、やがて敗走が始まった。伊東軍は追撃にかかった。

「義弘の首を獲れ！」

敵将の首さえあげれば、戦いは勝てる。間近に見える義弘の兜をめがけて将兵は必死に駆ける。しかし、追撃に必死となるあまり、周辺への注意を怠ってしまった。義弘の逃走は偽装である。彼は勇将であるが、愚者ではない。策もなく無謀な突撃はしない。川内川の対岸まで逃げたところで、義弘は軍勢を反転させて再び突撃を敢行してきた。敵のいきなりの反撃に伊東勢は浮き足立つ。この時、別働隊や川内川北岸に伏せていた先鋒などの部隊も、後方や側面から攻撃を仕掛けてくる。三方から敵に囲まれたことで、伊東軍はさらに混乱。「包囲されてしまった」という恐怖が将兵から平常心を失わせた。島津軍が得意とする「釣り野伏《つのぶ》せり」の戦術がみごとにハマッた瞬間であった。

釣り野伏せりとは、おとり部隊が伏兵を配置した場所まで巧みに敵を誘導して、一気に包囲殲滅してしまうというもの。しかし、包囲されたといっても島津軍はたかが３００人の寡兵。落ち着いて対処すれば、包囲網を突破することは容易なはず。だが、戦意の萎えきってしまっている伊東軍の将兵は、恐怖に勝てず四分五裂

合戦MVP

島津義弘

大将自ら危険な役目を請け負う

この戦いのMVPを挙げるとすれば、島津軍の総大将である島津義弘だろう。なにせ300人という寡兵なだけに、義弘は総指揮官、最前線の部隊長、ひとりの戦闘員と、三役をこなさなければならなかった。

とくに敵の大軍を引きつけて逃げるオトリ役では、反転した部隊の最前線で戦っている。槍や刀で突かれて、何度も「危ない！」と部下たちがヒヤリとしたという。また、義弘が間近にいたからこそ、敵も美味しい大将首につられて必死に追撃した。これも作戦を大成功に導いた要因のひとつだ。

となって逃走を開始する。あとはほとんど落ち武者狩りの様相となり、大将である伊東祐安も戦死。島津軍の大勝利となった。

10倍の兵力差の敵をみごと撃破した戦いは、規模こそ小さいが、のちに「九州の桶狭間合戦」の別名で後世まで語り継がれることになる。

戦勝した島津氏は、さらに勢いを得て日向へ侵攻。大軍をもって惨敗した伊東氏は面目を失い、離れつつあった日向の土豪勢力は次々に島津に降る。もはや、日向を維持するのは困難な状況になってきた。

やがて、伊東義祐は自分が心血注いでつくりあげてきた、京の都に模した美しい佐土原の町を捨て、豊前へと落ち延びてゆく。島津氏は念願だった肥沃な飫肥を手に入れて、薩摩、大隅、日向の三国を統治する巨大勢力に成長した。

勝敗のポイント

危険を顧みずに自らオトリとなった島津義弘の勇猛果敢な奮闘！

戦場最強武将列伝② 本多忠勝

「蜻蛉切り」

ほんだ ただかつ／天文十七年（１５４８）－慶長十五年（１６１０）

信長が「日本の張飛」と呼んだ三河武士団の最強戦士！

徳川氏がまだ松平氏を名乗っていた昔から、本多家はその家臣として仕えてきた。平八郎忠勝は天文17年（１５４８年）に岡崎近郊で生まれた生粋の三河武士。幼少の頃から家康に仕えて今川家での人質生活の苦楽も供にしてきた。いわば譜代中の譜代である。初陣は永禄3年（１５６０年）の桶狭間合戦。この時、同時に元服している。その後、三河一向一揆では多くの本多一族が家康から離反して敵対するなかで、彼だけは決して離れることなく臣従した。それだけに家康の信頼も絶大である。

主君への忠義に厚いのが三河武士の特徴だが、なかでも忠勝の家康への思いは忠義一徹であった。彼が戦場では命知らずの猛将として敵から恐れられたのも、その原動力は忠義の心だった。

「蜻蛉《とんぼ》切り」と異名された6メートルの長槍をブンブンと振りまわし、いつも徳川軍団の先陣を切って戦場を駆けまわる。武田信玄と戦った一言坂の合戦

徳川四天王のひとりであり、晩年は上総大多喜藩の初代藩主となる。一族には、のちに幕府の重臣として活躍する者も多かった。

では最も危険な殿軍をひきうけて、最強の武田軍団を圧倒している。

「ヤツは日本の張飛《ちょうひ》だ」

と、織田信長は忠勝に『三国志』の英雄のイメージを見た。一言坂に仁王立ちして迫る武田軍を睨みすえたその豪勇は、たしかに張飛を彷彿とさせるものがある。また、小牧・長久手の戦いでも秀吉が率いる8万人の大軍に対して、わずか500人の軍勢で対峙。その胆力には秀吉も驚かされ、攻撃を躊躇したという。

生涯において50回以上の合戦を経験したが、いずれの戦いにおいても傷ひとつ負わなかった。敵兵は先頭で突撃してくる忠勝の体に触れることさえできない。それほど強すぎたのだ。

同じ徳川軍の猛将でも、井伊直政が全身傷だらけだったのと好対照である。忠勝は長年の功績が認められ上総大多喜10万石の大名となっている。

「影の美学」を貫いた闇の住人たち②

滝川一益は忍者だった？

滝川一益は、羽柴秀吉や明智光秀とならぶ織田軍団の最高司令官のひとりである。しかし、その出自は謎とされ、近江国の甲賀の出身であることから「忍者ではないか？」と、よく噂されていたという。

彼の父は甲賀郡大原村の土豪・滝川資清といわれる人物であるが、生没年月日は不明。何者であるか実際のところよく分かってはいない。

こういった謎の部分が多いところが、「一益忍者説」が生まれた要因のひとつだろう。彼は当初、南近江の六角氏に仕えていたというが、この時に諜報の任務に携わっていたといわれる。つまり、忍者。鉄砲の名手でもあったという。

甲賀の忍者はもともと薬物や鉄砲などの近代兵器の扱いに慣れた者が多い。確たる証拠はないものの、忍者説を裏付ける状況証拠はそれなり揃っている。

この怪しすぎる男を信長が採用したのも、情報収集などの仕事に長けていたからだともいわれる。つまり、最初は忍者として召しかかえたのかもしれないのだ。

家柄などには一切こだわらず、才能あるものを雇用した織田信長。それゆえ、のちに滝川一益も大出世を果たすこととなる。

滝川一益肖像画（国立国会図書館蔵）

三方ヶ原の戦い《みかたがはらのたたかい》

元亀三年（1572年）

武田信玄 × 徳川家康

戦国最強と恐れられた武田信玄が、ついに上洛をめざして動き始めた。領国を侵された徳川家康は意地をみせるべく、無敵の武田軍に決戦を挑む！

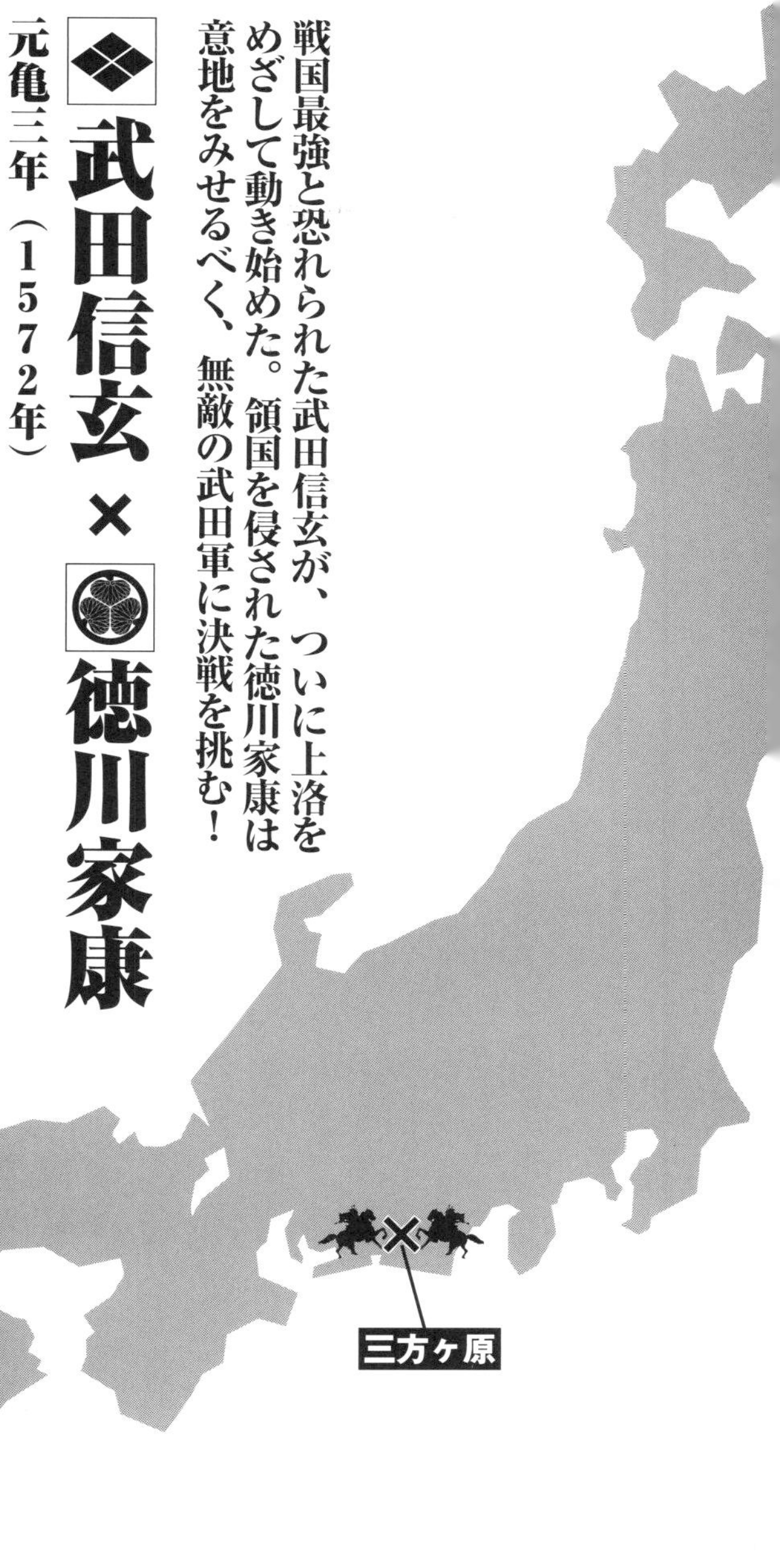

あわや歴史が変わりかけた武田軍の上洛作戦

反信長陣営の最終兵器「戦国屈指の名将」ついに動く！

反信長勢力が最も待ち望んだのが、武田信玄の上洛である。越後の上杉謙信とならぶ日本屈指の名将。謙信との間で長年繰り広げてきた抗争で、山県昌景や高坂昌信《こうさかまさのぶ》など戦闘経験豊富な指揮官が育ち、精強な甲州兵はさらに鍛えられた。日本最強の軍団としてその名は鳴り響き、信長を憎む諸勢力からすれば「救世主」「対信長の最終兵器」といった期待感があった。

しかし、この最終兵器がなかなか動くことができない……後背の関東で強大な勢力を誇る北条氏康との対立で、甲斐を留守にすることができなかったのだ。ところが元亀２年（１５７１年）氏康が死んでしまう。跡を継いだ氏政はこれまでの戦略を１８０度転換して、武田氏との同盟復活を望んできた。これによって信玄は行動の自由を得る。このとき信玄は52歳。当時ではすでに老境に入る年齢、念願の上洛を果たすには最後のチャンスである。

翌元亀３年（１５７２年）10月３日、ついに信玄は２万５０００人の軍勢を率いて甲斐の本拠より京をめざして出陣した。

「ついに来たか……」

武田軍の出陣を知って、信長は呻いた。積極果敢な先制攻撃を信条とする織田信長も、信玄にだけには常に弱気。以前から信玄の機嫌をとるため書状や貢物を送りつづけていた。これは、いつも強気でプライドの高い彼には考えられない行動。それだけ信玄のことを恐れていた証拠である。

両軍戦力比較表

武田軍		VS	徳川軍	
甲斐、信濃、駿河など4カ国		領国	三河、遠江の 2 カ国	
主な武将	80万石	石高	50万石	主な武将
山県昌景、小山田信茂、内藤昌豊、穴山信君、馬場信春、武田勝頼など	28,000人	動員兵力	11,000人	本多忠勝、榊原康政、大久保忠世、酒井忠次、平手汎秀（援軍）など
		装備		
		補給力		
		精強度		
		士気		
武田信玄			徳川家康	
 四つ割菱		総大将の家紋	 三つ葉葵	
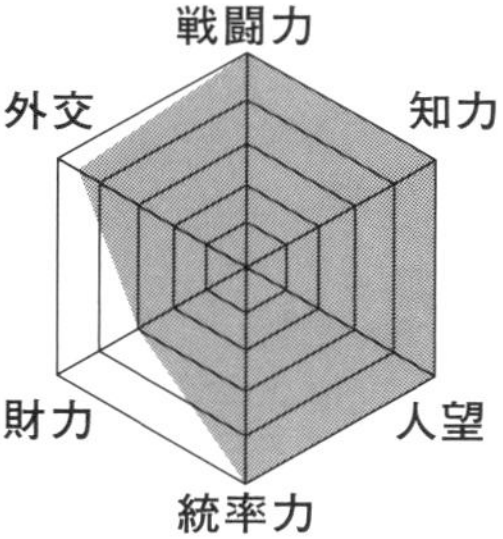		総大将の能力値	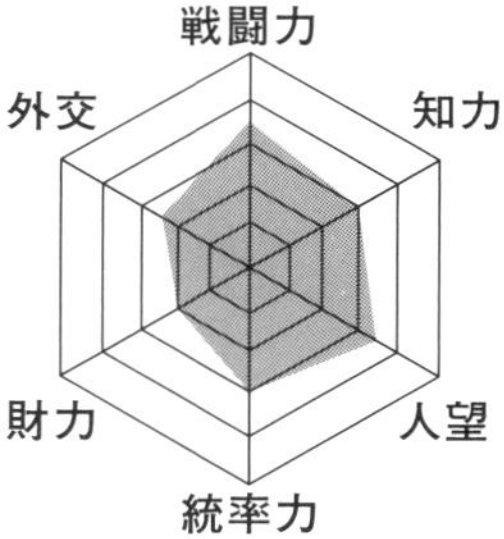	
名将といわれた信玄だが、とくにこの上洛戦の頃は円熟期。戦略や外交、また、戦術や戦場での指揮など、どれをとっても完璧で隙がない。不安は信玄の体の不調のみ……最後はこの健康面での不安が出てしまった。		備考	家康の三河武士団も精強ではあるが、武田軍の精鋭を比べるとどうしても見劣りする感は否めない。また、徳川軍には初めから戦意の低い織田信長の援軍が含まれる。このため、どうしても自軍の統率力、士気に影響が出てしまう。	

三方ヶ原の戦い

徳川・織田連合軍が苦杯をなめた三方ヶ原古戦場跡の夕景（浜松市三方原町）

青年武将・徳川家康がみせた三河武士の意地が……

そして、信長以上に恐怖したのが徳川家康である。彼の領国である三河と遠江は武田領に隣接した最前線であり、つねにその脅威を感じてきた。信玄の上洛に際しては、まず最初に侵攻されることになる。実際、信玄が甲斐を出発する数日前から、すでに山県昌景が5000人の精鋭を率いて奥三河へ侵攻していた。また、秋山信友も3000人を率いて美濃東部へ侵攻。織田軍の本拠である岐阜と、家康のいる浜松城との連絡線を断つ動きにでる。家康の孤立感が深まるなか、信濃より秋葉街道を南下してきた信玄率いる武田軍本隊2万余が遠江の平野部に現れる。武田軍は遠江東部でさかんに軍事行動をおこないながら、天竜川東岸にある戦略的要衝の二俣城を囲んだ。

この包囲戦には、奥三河に侵攻した山県昌景の部隊も長篠城から遠江中央部を縦断して合流している。つまり、徳川勢の主力は浜松城周辺に押し込められてしまい、三河や遠江の大半を武田軍に掌握されてしまった格好となった。

二俣城の包囲戦は2カ月に及んだ。要害の地にあった堅城だが、優勢な武田軍に対して徳川方が援軍を出すことができず、孤立無援な状況でついに落城してしまう。これで天竜川以東はほぼ武田軍の勢力圏となり、いつの間にやら家康の本拠である浜松城は、武田勢力圏と対峙する最前線となってしまっていた。

敵の挑発に乗らず我慢して戦力を温存すること。それが最良の選択肢であり、盟友の信長もそれを望んでいた。しかし、このときの家康はまだ血気盛んな29歳の青年武将。のちに語られるような驚異的な忍耐力を身につけるまでには鍛錬が足りなかった。忍耐力を養うという点では、この武田軍の侵攻は家康が体験した試練の中でも最大級のものだったろう。

12月22日、二俣城を陥落させた信玄は軍勢を率いて西への進撃を開始した。信玄の目的は上洛にある。このまま篭城していれば、武田軍は浜松城を放置して進撃をつづける可能性も大。京まではまだ遠く、信玄は先を急いでいる。しかし、家康の意地がそれを許さなかった。

家康は全軍を率いて浜松城より出撃。浜松城北方に広がる三方ヶ原静岡県浜松市の台地を三河方面へ向かっていた武田軍と野戦で雌雄を決する決断をしたのである。

三方ヶ原の戦い

無敵の武田軍団が怒濤の突撃　三方ヶ原で徳川軍を血祭りにあげる！

　武田軍2万8000人の軍勢が三方ヶ原を進軍している。この先は祝田坂と呼ばれる下りの道になっており、家康の軍勢は、その地形を利用して背後から猛攻をくわえるべくこれを追尾した。徳川軍は8000人、織田の援軍3000人を含めても1万1000人と、兵力では半分にも満たない。しかも、敵は「日本最強」と恐れられる武田軍。それを指揮するのは名将・武田信玄である。徳川勢の追撃も当然のごとく察知していた。あるいは、家康は信玄の術中にはまって巧妙に浜松城から誘《おび》き出されたのかもしれない。祝田坂の手前で武田軍はいきなり反転して、魚鱗《ぎょりん》の陣形で迎撃態勢をとった。

「しまった！」

　しかし、ここまで来たらもう引き返せない。家康も覚悟を決めて、鶴翼《かくよく》の陣形でこれと対峙する。この日は雪混じりの強い風が吹いていたが、この風向きは北西で、徳川軍にとっては不利な向かい風。武田軍の屈強な騎馬武者や精強な兵が、吹雪に押されて怒濤の突撃を仕掛けてくる。山県昌景、馬場信春、内藤昌豊など名だたる猛将たちが休む間を与えず徳川の陣営に殺到。もともと武田軍より兵も少ない徳川軍。とても鶴翼の陣形では耐えきれず、防御態勢は崩壊。雑兵たちの潰走が始まった。

　戦闘が始まってから2時間余りで徳川軍は敗走。織田からの援将である平手汎秀《ひらてひろひで》はじめ、多くの武将が討ち取られる完敗であった。

　家康も夏目吉信《なつめよしのぶ》、鈴木久三郎《きゅうざぶろう》らの助けで、命

合戦MVP

夏目吉信・鈴木久三郎

敗軍の中で目立つ勇者の活躍

勝者の武田軍は殊勲者がいっぱいで、誰かひとり選ぶのが難しい。逆にいいところなく敗れた徳川軍の側にキラリと光る活躍が見られる。とくに賞賛されるべきは、殿軍を引きうけて武田軍に何度も捨身の突撃を敢行。壮絶な戦死を遂げた夏目吉信だろう。家康が浜松城に無事に逃げ帰り再起できたのも、彼の踏ん張りがあればこそ。また、徳川軍が総崩れとなったときに家康から采配を奪って「我こそは家康なり！」と、その身代わりとなって果てた鈴木久三郎の活躍も素晴らしい。この戦いでは2人に最高殊勲選手の栄誉を与えたい。

からがら浜松城に逃げ戻った。しかし、浜松城も攻略されかねない絶体絶命の状態はつづく。ここで家康も開き直って、篝火《かがりび》を焚き城門を開いて続々と逃げ帰ってくる敗残兵を収容する。諸葛孔明が魏の大軍に対しておこなったのと同じ「空城《くうじょう》の計《けい》」である。勝ちに乗って進撃してきた武田軍も、伏兵がいるのではないかと疑って城への突入を躊躇した。開き直りの策が当たって、家康は九死に一生を得たのだった。

信玄はこの後、三河へ進撃して尾張や美濃も危うい状況となる。このときばかりは、信長も生きた心地がしなかっただろう。

しかし、2月に三河野田城を攻略した後、信玄の体調が悪化。武田軍の進軍はピタリと止まってしまう。やがて信玄の死により上洛戦は中止となる。信長にはまだツキが残っていた。

勝敗のポイント

武田家の猛将が勢揃いした「魚鱗の陣」による怒濤の総攻撃！

ザ・切腹

～城兵のために己の命を絶った男たち～

吉川経家

Kikkawa Tsuneie

天文十六年（1547年）～天正九年（1581年）
享年35歳

秀吉による助命を拒絶 全責任を負い腹を切る

吉川氏の本家は毛利元就の次男・元春が相続している。経家はその分家筋にあたる家柄だ。尼子氏が滅亡した後、吉川元春は山陰地方一帯の統治をまかされた。もともと吉川氏の地盤は山陰にあり、一族の者たちも山陰地方の各所に所領を与えられている。経家も石見に本領を得て、有能な武将として当主・元春からも信頼を得ていた。

天正9年（1581年）、織田信長は中国地方への侵攻を開始する。山陰方面でも、但馬の山名豊国が信長に降伏したため、吉川氏の所領である因幡は直接に織田氏の勢力圏と対峙することになる。まもなく織田軍が因幡へ侵攻してくることは確実……そこで元春は、一族のなかで最も信頼がおける武将である経家を鳥取城に派遣することを決定した。

織田軍がまっさきに攻略目標としてくる城である。その守備隊長に指名されたとき、すでに経家は死を覚悟。自分の首桶を用意して入城したという。

経家が鳥取城に入城してまもなく、羽柴秀吉に率いられた織田軍が因幡へ侵攻してきた。

敵は2万人の大軍、野戦では勝ち目がない。経家は2000人の正規兵に、近隣の農村から志願してきた2000人の農民兵をくわえた4000人を城に集めて籠城策をとった。しかし、ここで誤算がでてくる。城内の兵糧米がほとんどない……秀吉の策略により領内の米があらかじめ買い占められ、備蓄用の食料も底をついていたのである。

織田軍に包囲された鳥取城はたちまち飢えて、城兵は軍馬や建物の壁土まで食って生き延びた。それでも、4カ月を過ぎた頃には餓死者が続出。その死者の肉まで喰らうという惨状は、のちに「鳥取城の渇《かつ》え殺し」と呼ばれ語り伝えられるようになる。

「もはや、これまで」

城兵の命を救うことを条件に、経家は秀吉に降伏した。もちろん自身は切腹して責任を取るつもりである。しかし、秀吉は経家の奮戦をたたえて、

「切腹は重臣の2人だけでよい」

と、経家を助命して領地へ帰還させるという温情を示したが、

「城将の私が、部下の首を差し出して、おめおめと生きて帰れるわけがない」

と、これを拒絶した。

彼の潔い態度に感動した秀吉からは、酒樽や大鯛などが贈られてきた。その酒と肴を城の広間に集めて正大な宴を催した後、彼は潔く腹を切って果てている。

ちなみに、彼の辞世の句にあるように、遺品の弓や書状などは石見の所領で待つ一族のもとに届けられ、その潔い態度と壮絶な切腹は「武門の誇り」と、代々に語り継がれていった。

鳥取城跡に建つ経家の銅像

武夫の　取り伝へたる梓弓　かへるやもとの栖なるらん

吉川経家 辞世の句

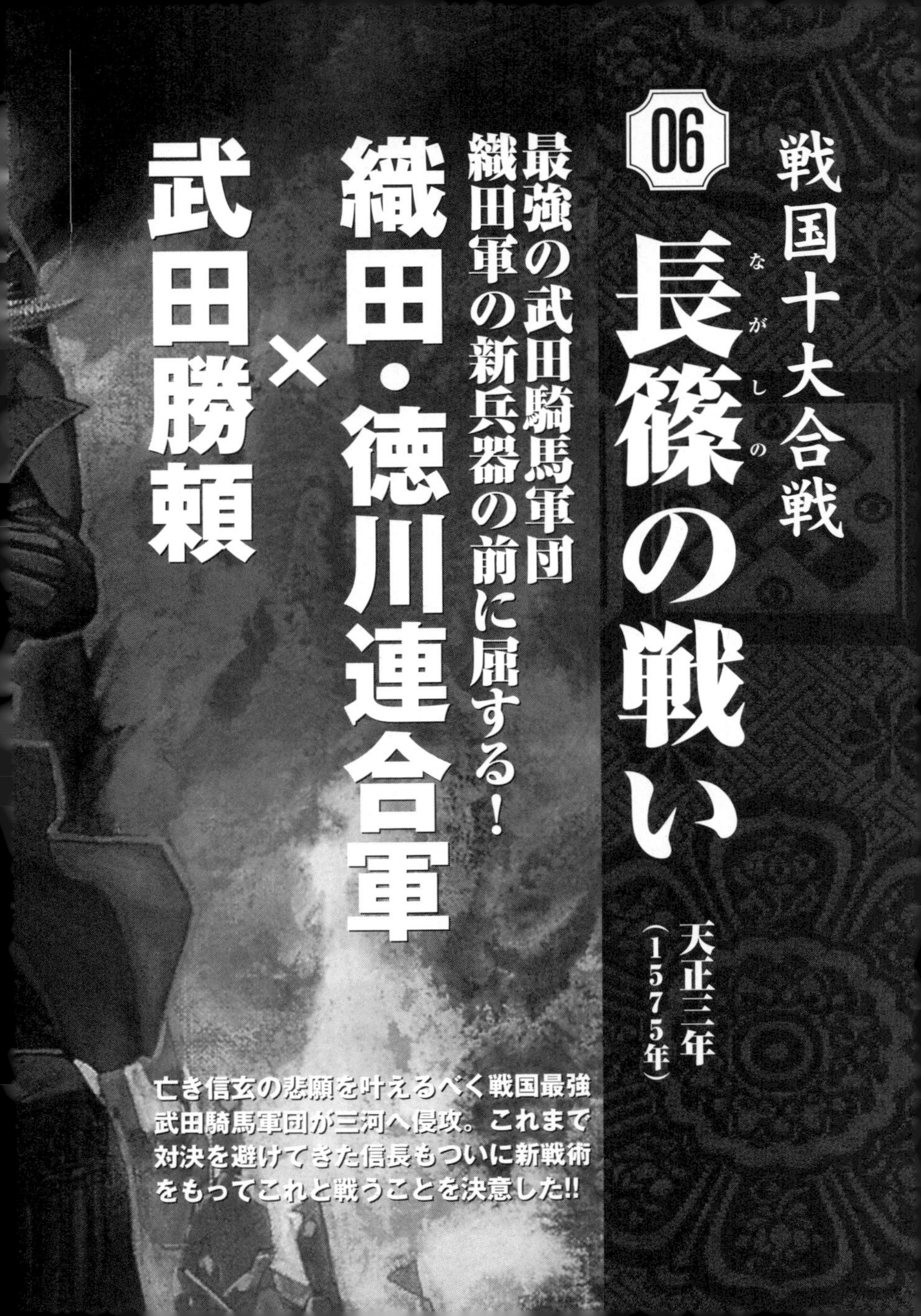

戦国十大合戦

06

長篠《ながしの》の戦い

天正三年（1575年）

最強の武田騎馬軍団
織田軍の新兵器の前に屈する！

織田・徳川連合軍×武田勝頼

亡き信玄の悲願を叶えるべく戦国最強
武田騎馬軍団が三河へ侵攻。これまで
対決を避けてきた信長もついに新戦術
をもってこれと戦うことを決意した!!

織田氏の急速な版図拡大に焦った勝頼が決戦を挑む

元号が元亀から天正に変わると、織田信長のおかれた状況は好転してきた。天正元年（1573年）には朝倉氏と浅井氏が滅亡し、大和で叛旗を翻した松永久秀も降伏する。翌年には長島の一揆も鎮圧されて、一向宗勢力も石山本願寺を守るのが精一杯といったところ。信長包囲網は破綻して、将軍・足利義昭も京より追放された。畿内の征圧はなった。しかし、反信長陣営にはまだ最強の刺客が残っていた。甲斐の武田氏である。

元亀3年（1572年）に武田信玄が上洛の軍勢を起こしたとき、信長の盟友・徳川家康は三方原で大敗し、遠江と三河の領国を蹂躙された。もし、信玄の寿命が陣中で尽きなければ、武田軍は織田氏の本拠である尾張や美濃にも侵攻して、上洛を果たしたかもしれない。

信長はこの武田氏との全面対決を避けてきた。畿内に敵が多すぎて、そこまで手がまわらなかったという理由もあるが、戦っても勝ち目が薄いことを悟っていたのだ。信長の凄みは、的確な状況分析と冷徹な合理主義にある。勝算のない戦いはやらないのだ。桶狭間合戦は別にして、それ以後の戦いは、つねに敵よりも優勢な兵力を確保したうえで決戦に臨むというやり方をつづけている。武田軍が三河・遠江へ侵攻した時に家康を見捨てるような戦略にでたのも、勝てる可能性が低かったからである。名将・信玄がいなくなった今も、戦国最強の戦闘集団はそのまま温存されている。弱兵の定評がある織田軍

両軍戦力比較表

織田・徳川連合軍	VS	武田軍
伊勢、近江など11カ国	領国	甲斐、信濃、など7カ国
約400万石	石高	約130万石
35,000人	動員兵力	15,000人
	装備	
	補給力	
	精強度	
	士気	
主な武将：織田信忠、柴田勝家、丹羽長秀、羽柴秀吉、佐久間信盛、滝川一益、前田利家、水野信元、徳川家康など	主な武将	主な武将：武田信廉、小山田信茂、武田信豊、穴山信君、馬場信春、山県昌景、内藤昌豊、原昌胤、真田信綱、真田昌輝、跡部勝資、土屋昌次など
織田信長  五つ木瓜 / 徳川家康  三つ葉葵	総大将の家紋	武田勝頼  武田菱
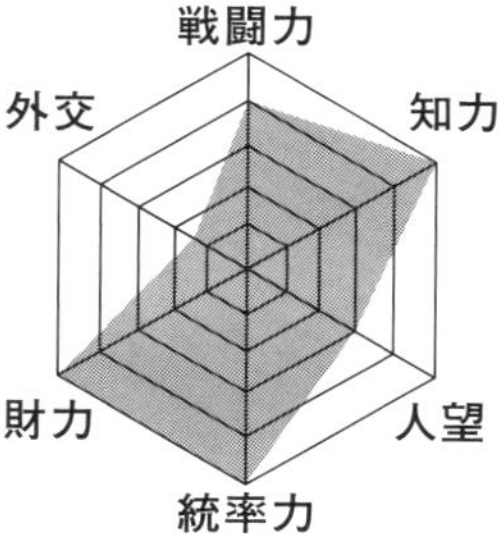	総大将の能力値	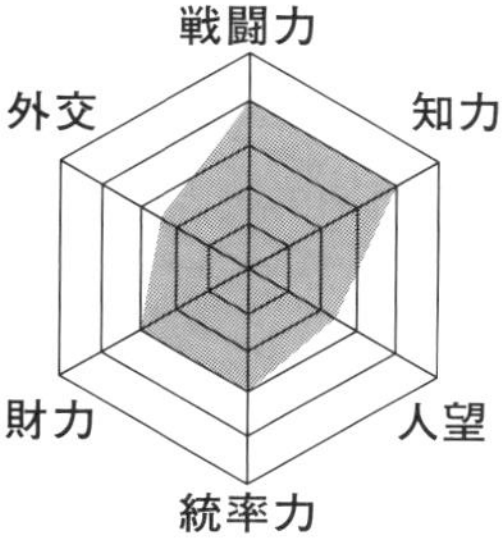
敵をつくりやすい外交下手は相変わらず。しかし、信長包囲網を瓦解させて版図を拡大した手腕はみごと。「戦略眼」という面では戦国武将のなかでも最高の能力をもっている。ただし、戦術レベルでの戦いは、これまで決して巧いとはいえない面も……。	備考	それなりの資質をもつ良将だが、先代の信玄が凄すぎた。そのため家臣団の支持率はいまいち。また、後背にある北条との同盟をうまく維持できず、結局、東西に敵対勢力をつくってしまうという失敗もおかしている。外交上手だった信玄と比べたら、こちらの能力もやや低い。

団では、倍の兵力差があっても危うい。そのため武田軍の侵攻に苦戦する徳川家康の苦境をあえて黙殺してきたが……天正2年（1574年）になると戦略を大転換。武田氏に対して積極攻勢にでる。

相変わらず尾張兵は弱兵、勇名を馳せる武田軍団との戦闘力の差は埋まっていない。しかし、信長はこのとき、武田軍団に対抗できる強力な兵器と戦術を得ていた。

奥三河の要衝・長篠城が武田の大軍に包囲される

この頃、徳川家康の領国である三河は、平野部を家康が抑えていたが、山間地帯はほぼ武田氏が征圧していた。その境界線にあった長篠城を拠点とする土豪の奥平氏も、当初は武田氏の陣営にあったが、これを織田・徳川連合軍は調略によって寝返らせることに成功した。

長篠城は山間の小城ではある。しかし、武田氏にとっては三河の平野部への侵攻ルートだ。戦略上の要地である。信玄の跡を継いだ武田氏の当主・勝頼《かつより》は奥平氏の裏切りに怒り、これを攻撃するために兵を向けようとした。この城を取り戻すのみならず、そのまま余勢をかって三河の平野部に侵攻して徳川氏を一気に滅ぼしてしまう腹づもりである。もちろん、信長が大軍を率いて救援に駆けつけることも想定している。そのため勝頼は武田氏の全軍を率いての総力戦を主張したが、

「自分の死を3年間秘匿して、その間は目立った軍事行動を厳禁せよ」

という信玄の遺言を盾に重臣たちは出兵に猛

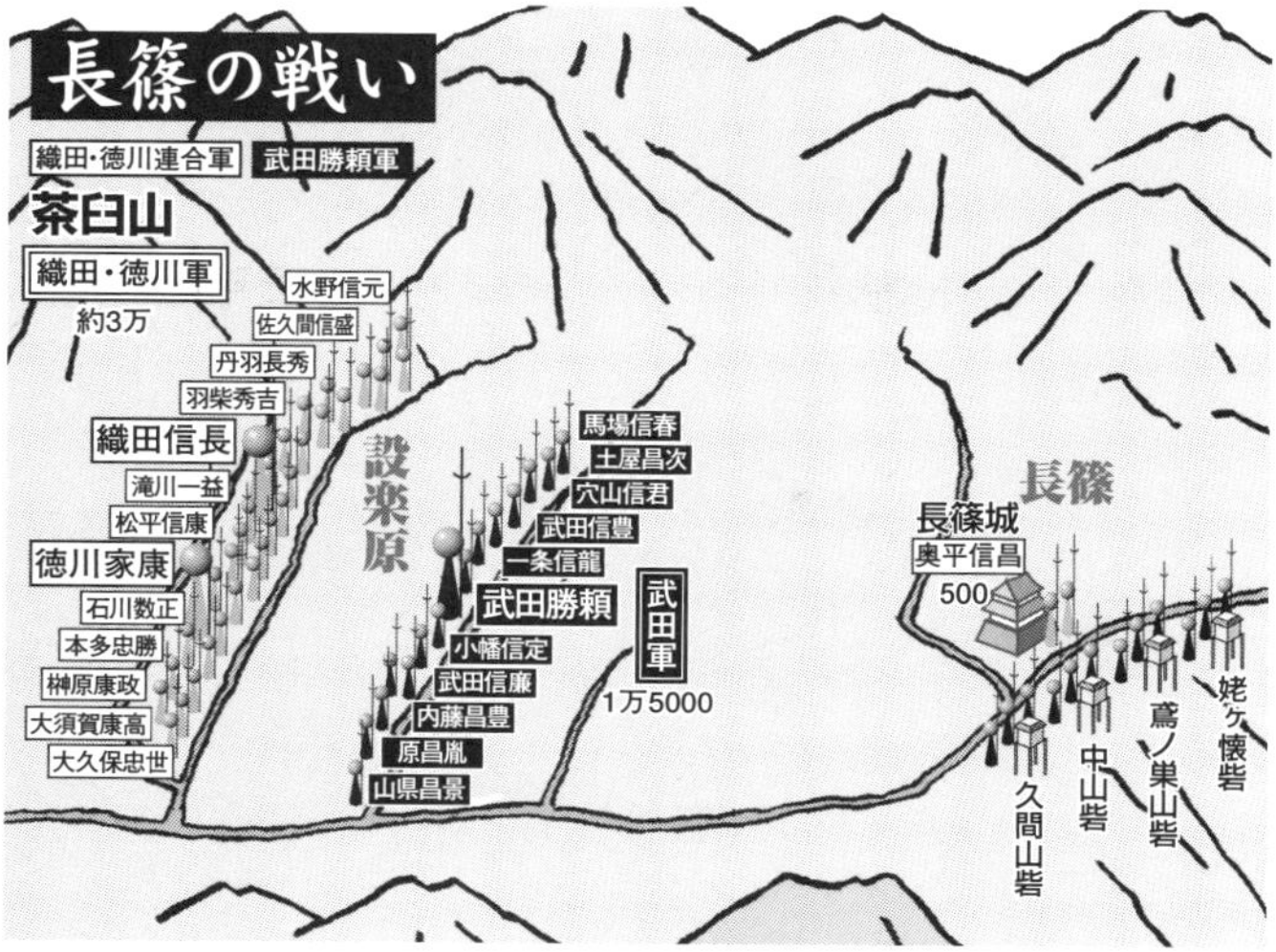

二重、三重の馬防柵を築き、突撃してくる武田軍に向かって鉄砲を撃ちまくるという新戦法で臨んだ信長。戦場には硝煙が立ち込め、設楽原は血で染まった

反対している。だが、勝頼もそう簡単には引き下がらない。

「この機を逃せば、信長の力はますます強大になる。今、戦わなければ、やがて武田は織田の軍門に下るしかなくなるぞ」

正論である。

信玄が存命の頃、信長の所領は２００万石をやっと越えたあたりだった。しかし、この数年間で北近江や越前、摂津などに領地を増やして石高も倍の４００万石に増えている。一方、武田氏は信玄の死後は軍事行動を自重しているので、所領はわずかに10万石程度増えただけ。動員兵力でも2倍以上の差がついた。いくら武田軍団が精鋭揃いとはいえ、これ以上に差が広がると兵の質だけでは対抗できなくなる。

「まずは徳川を滅ぼす。後背の三河、遠江を奪わ

昭和4年に城跡一帯が国の史跡に指定されている長篠城跡

れたら、信長も安穏とはしておれまい。反対勢力も畿内で蜂起するはずだ」

ついに勝頼の意見に押し切られ、重臣たちも出兵を承諾した。しかし、もはや信玄存命中の一枚岩の結束は望めない。信玄の時代には、この主従の絆も武田軍団の強さのひとつだったのだが……。

天正3年（1575年）4月、武田勝頼は1万5000人の大軍を率いて甲府を出発。長篠（愛知県新城市）に到着するや、城を包囲している。長篠城に篭る奥平勢はわずかに500人。しかし、長篠城は豊川と宇連川が合流する断崖絶壁の地にあり、大軍とはいえ攻略するのは難しい要害である。そう簡単には落城しないはずだった。家康や信長もそのことは承知していたので、敵が長篠城を囲んでも出兵を急がなかった。しかし、武田軍の精強ぶりは、信長や家康の予測を上回っていた。猛攻により城の北側にあった兵糧倉を破壊され水の手を切られて、もはや長期の篭城は不可能に。城は兵糧も尽きてわずか数日で落城寸前のところまで追い込まれていた。

織田・徳川連合軍が戦国最強の騎馬軍団に挑む！

長篠城の危機を味方に伝えようと奥平氏の家臣・鳥居強右衛門《すねえもん》は城から決死の脱出をはかり、命がけで岡崎城にたどり着いている。この時、岡崎城には家康の軍勢と合流するために、信長が自ら3万人の援軍を率いて到着していた。信長は数日のうちに長篠へ援軍に向かうと約束する。強右衛門はこの朗報をもって長篠城へ引き返そうとしたが、途中、城を包囲する武田軍に捕まってしまう。取り調べにより織田・徳川連合軍が向かってきていることを聞き、勝頼は驚いた。援軍の到着はもっと遅いと予測していたのだ。敵軍の到着前に城を降伏開城させる必要がある。そこで、助命を条件に「援軍は来ない」と城に向かって叫ぶよう強右衛門に強要した。しかし、

「もう少しの辛抱だぞ。援軍は数日以内にやって来るぞ！」

と、強右衛門は叫んで城兵を勇気づけた。彼の死を覚悟した報告に、城兵は奮い起ち、必死の防戦はつづくことになる。強右衛門は磔《はりつけ》にされて処刑されたが、それから数日後、信長は約束通り長篠城西方の設楽原《したらがはら》に到着した。

織田軍3万人に徳川家康の軍勢5000人をくわえた大軍である。武田軍の2倍以上にもな

る大軍だが、この当時言われた定説によれば、「精強な三河兵は、弱兵の尾張兵3人分に相当する力がある。しかし、武田軍の主力である最強の甲斐の兵は、尾張兵5人分に相当する」というのである。この定説に見合わせれば、家康の軍勢が尾張兵に換算して1万5000人に相当する力があり、これに信長の3万人をプラスして4万5000人。しかし、武田方の兵力は尾張兵換算7万5000人に相当するだけに、むしろ、織田・徳川連合軍は不利である。

また、三方原の戦いで完膚なきまでに敗れた後遺症も徳川軍の将兵には残り、連合軍の「武田恐怖症」は深刻だった。ただし、武田騎馬軍団とはいってもチンギス・ハーンが率いるモンゴル軍のような騎馬武者だけによる部隊編成ではない。ひとりの騎馬武者に数人の足軽が従う編成は、他国の兵と違いはないのだが、山国の甲斐には大柄な馬が多く、その大型馬による騎馬武者の突破力とそれに併走して白兵戦を挑んでくる命知らずな兵卒たちとのコンビネーションが無類の強さの秘密である。その突撃の凄まじさは、かつて姉川で対峙した浅井軍など問題にならないほど強力である。弱兵の織田軍はその浅井軍にさえ本陣近くまで突破を許している。

「武田相手に大丈夫か？」

織田・徳川連合軍の兵は怯え、諸将でさえ不安にかられている。しかし、信長はこの重戦車のような武田軍の突進を止める秘策をすでに考えていた。そして、勝てるという確信があったからこそ決戦を挑んだのである。

織田軍は戦場に大量の木材を持ち込んでいる。その木材で堅牢な柵をつくり、柵の手前には深

06 長篠の戦い

「戦国最強」といわれていた武田騎馬軍団だが……その力を過信したのか、信長の編み出した新戦法により壊滅的打撃を受けてしまう

設楽原の古戦場跡に復元された武田騎馬軍団の突撃を防いだ馬防柵（新城市）

い溝も掘ってある。後に馬防柵と呼ばれた武田騎馬軍団に対する堅牢な陣地。この堅陣で敵の突撃を止めておいて、この日のために準備しておいた3000挺の鉄砲で殲滅《せんめつ》しようというのが信長の作戦である。当時、鉄砲の威力を知りながらも、コスト面からそれを大量保有する大名は少なかった。100挺もあれば多いほうだったという。それからすれば、信長が揃えた3000挺という数は桁外れである。経済先進地帯の濃尾平野や畿内に所領をもつ経済力と、鉄砲の輸入や生産を担う堺を抑えていた信長だからこそ可能だったことだろう。

織田・徳川連合軍の到着を知った武田側もすぐに軍議を開いている。諸将は戦況の不利を悟って撤退を進言したが、ここでも勝頼は強気の発言を繰り返しながら、

「これより織田信長との決戦に臨む。※御旗楯無《みはたたてなし》もご照覧あれ!」

と、叫んだ。家宝である御旗と楯無の鎧に向かって当主が誓えば、それに異議を唱えることができないのが、武田氏代々の家法である。もはや諸将も沈黙して従うしかなかった。

新兵器・鉄砲の破壊力のまえに武田の名将たちも為す術なし

山国の甲斐や信濃を本拠とする武田氏の経済力は織田氏と比べて弱く、莫大な費用のかかる大軍の出兵をそう幾度もできるものではない。そこが武田軍のウィークポイントでもあった。そのため、一度出陣したからには結果が求められる。勝頼としては、長篠城を攻略できないまま撤退するわけにはいかなかった。城の包囲に２０００人ほどを残し、勝頼は１万３０００人の主力を率いて織田・徳川連合軍が待ち構える設楽原へ向かう。

織田・徳川連合軍は堅牢な陣地に篭って武田軍を待っていた。しかし、思惑通りに敵が突撃してこなければ、すべてが無駄になってしまう。そこで、信長はもうひとつ策を弄《ろう》することにした。武田軍主力が長篠城から移動した夜、徳川家康の配下である酒井忠次《ただつぐ》に３０００人の別働隊を編成させて、長篠城を囲む４つの砦を奇襲させている。

これを陥落させ、城の包囲を解いて武田軍の退路を遮断するのに成功したのである。

こうなると設楽原まで進撃してきた武田軍主力は袋のネズミとなり、もはや、敵陣に突撃して雌雄を決する以外にない。翌日の早朝、勝頼

※武田家に伝わる家宝で神格化されていた鎧と旗

は総攻撃を命じた。他国の諸将から恐怖された山県昌景、内藤昌豊、馬場信春といった歴戦の戦闘指揮官たちが、織田・徳川連合軍の陣に向かって突撃してゆく……設楽原は沢や丘陵が重なる起伏の多い地形のため見通しがきかない。そのため突進する武田軍には、直前まで馬防柵や大量の鉄砲の存在は視認できない。先頭を疾走する騎馬武者から柵が見えた時には、

「撃て！」

命令が下され、鉄砲の一斉射撃。武田軍の将兵は血の海に沈んだ。

それでも突撃を敢行していけば、その突進は堅陣に阻まれて、動きが止まったところでまた鉄砲で仕留められる。いかに武田軍の兵が精強でも、槍や刀のとどかない場所では戦いようもない。一方的な殺戮だった。しかし、武田軍の諸将は突撃をやめない。勇敢というよりも、勝頼を見限り捨鉢になった自殺行為に近い心理状態だったとも言われる。真田信綱や土屋昌次は柵に阻まれて雑兵に討ち取られ、果敢な突撃を繰り返していた山県昌景も鉄砲の集中射撃を浴びて壮絶な戦死を遂げた。名だたる武将が次々に討ち取られ、さしもの最強軍団も壊滅状態。

ここで信長は柵を開いて討って出る。尾張兵も武田軍を恐れずに、手柄のチャンスとばかり我先に追撃を開始した。すでに戦いの様相は「落ち武者狩り」のような状態になっている。さすがの勝頼も逃げるしかない。※殿軍《でんぐん》の馬場信春の必死の防戦で、なんとか勝頼を逃走させることはできたが、武田軍に残されたこの最後の名将もまた討ち死にしてしまう。

昼過ぎに戦闘が終了した時、武田軍は1万2

※しんがりの部隊

勝敗のポイント
圧倒的火力を用いて騎馬隊を粉砕した「驚異の新戦法」！

合戦MVP

酒井忠次

奇襲攻撃で包囲網を破る！

長篠城を包囲する後方の鳶の巣山にあった武田軍の陣地を攻撃して、敵の退路を遮断する作戦を考案した徳川家の家老・酒井忠次。信長も情報漏洩を防ぐため軍議では一度は退けたが、密かに作戦遂行を忠次に命じた。彼は奇襲攻撃を敢行して、みごと敵陣を攻略。長篠城を包囲から解放して、敵の退路を遮断した。

この作戦の成功が、武田軍を追いつめて無謀な突撃に駆りたて、織田・徳川連合の勝利を生んだ要因ともいわれる。戦後の論功行賞でも、忠次は信長から直々に呼ばれて賞賛をうけている。

000人という死傷者をだして壊滅した。短期間での戦力回復は不可能である。侵攻能力は完全に失われて、この戦いから守勢一辺倒。三河や遠江の諸城も、次々に家康により奪回されてゆくことになる。

勝頼はこの後も7年余り甲斐、信濃などに広大な版図を維持するのだが、もはや信長にとっては脅威にはならない。信長包囲網もここに完全に破綻したことになる。

最強を誇った武田軍団が、大量の鉄砲を集中運用する新戦術により完敗した。これまで鉄砲は攻城兵器として主に使われてきたのだが、使い方次第で野戦でも充分に有効な武器となることが実証された。この長篠合戦を契機に、以後の戦術そのものが大きく転換してゆくことになった。

最強軍師列伝

黒田《くろだ》官兵衛《かんべえ》

／天文十五年（1546）－慶長九年（1604）

主君…豊臣秀吉

黒田如水像（崇福寺蔵）

百万石を与えたら天下を奪われる!?
豊臣秀吉をも恐れさせた凄まじい知謀

黒田如水（官兵衛は通称）は、もともと播州平野の小大名である小寺氏の家臣だったが、織田氏の播磨侵攻作戦に協力。方面軍司令官だった羽柴秀吉の参謀となる。政略や調略の才に長け、また、鳥取城での兵糧攻めや備中高松城の水攻めなど戦術面での能力もズバ抜けていた。「官兵衛に百万石を与えたら、たちまち天下を獲られてしまう」と、その才能は秀吉も恐れるほどだった。

四万十川の戦い《しまんとがわのたたかい》

天正三年（1575年）

長宗我部元親 × 一条兼定

新興勢力の長宗我部元親と、古くから国司として君臨してきた名門貴族の一条氏。土佐一国の統一をかけて、いざ決戦の舞台へ！

長宗我部元親の土佐統一を決定づけた戦い！

ひきこもりの虚弱児が四国最強の戦国大名に大変貌！

長宗我部《ちょうそかべ》氏の始祖は、秦の始皇帝の末裔で、秦河勝《はたのかわかつ》と言われている。長宗我部氏は四国で国人として地盤を築いていたが、戦国時代初頭、豪族の勢力争いに敗れ、本拠の土佐・岡豊《おこう》城を奪われて当主の兼序《かねつぐ》も自刃。滅亡寸前だった。しかし、土佐国司※の一条兼定《いちじょうかねさだ》に保護されていた嫡男の国親《くにちか》が岡豊城に復帰して家を再興する。その後、国親は土佐中央部に版図を拡大して、息子の元親《もとちか》にバトンタッチした。

元親は、「姫若子《ひめわこ》」と渾名され、内気で引き篭りがちな若者だった。国親も彼に長宗我部氏の将来を託すことに不安を感じていたが、当主になったとたんに豹変した。勇猛果敢な戦いぶりにくわえ、調略や謀略にも長け、若者らしからぬ抜け目のなさも兼ね備えている。とくに半農半士の農兵を「一領具足《いちりょうぐそく》」として組織。生産力の乏しい土佐で、兵力の大量動員を可能にしたシステムは画期的なものだった。その一領具足軍団の圧倒的兵力を活用して、元親は土豪勢力が割拠する土佐の東部から中央部をほぼ平定。国内最大勢力となった。あとは、土佐西部の一条氏さえ倒せば、国内の統一も完成する。

一条氏には父が旧領を奪回したときに協力してくれた大恩があるのだが、昔の恩より現在の利益と割り切れるドライなところもまた、元親の戦国大名としての資質だろう。旧時代の価値観など眼中にない乱世の申し子……逆に、一条氏はその対極にある家柄。武家政権が派遣した守護よりもずっと昔に、朝廷より任命された土

※行政官として中央から派遣された官吏

両軍戦力比較表

長宗我部軍	VS	一条軍
土佐国の東部から中部	領国	土佐西部
約7万石	石高	約3万石
7,000人	動員兵力	3,000人
主な武将：福留儀重、吉良親貞、香宗我部親泰など	主な武将	主な武将：小島政章、その他土豪など
	装備	
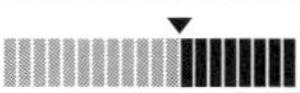	補給力	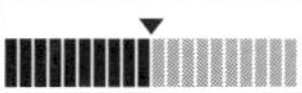
	精強度	
	士気	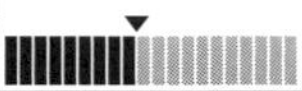
長宗我部元親		一条兼定
 七つ酢漿草	総大将の家紋	 下がり藤
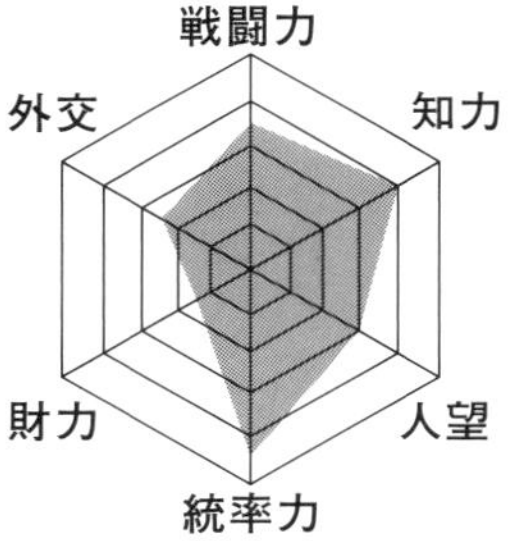	総大将の能力値	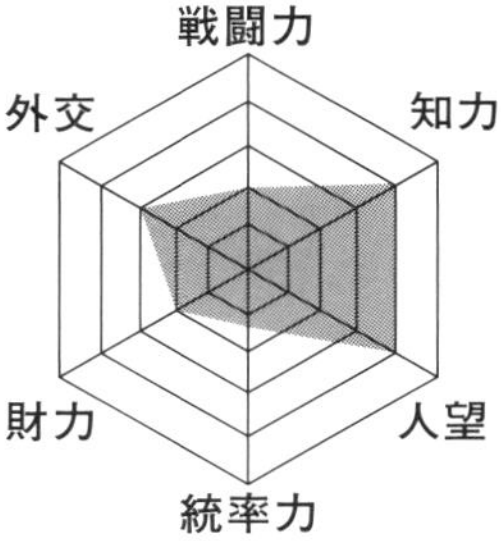
「元親は鳥無き島の蝙蝠（コウモリ）」と信長に侮辱された元親。資質は四国の諸将のなかでは抜きんでていたが、確かに四国には優れた戦国大名が少なかった。それが彼の四国統一を容易にしたが、ライバルの不在は慢心を呼ぶ……。四国では精強な一領具足軍団も、他地域の覇者と戦うと弱かったという。	備考	武家である守護や守護代が没落する下克上の時代に、領地を支配できた実力は並の公家ではない。知力も人望もそれなりにあったようだが……長宗我部氏の資料によれば、「軽薄」「諫言を顧みない」など、さんざんな書かれ方をしている。しかしこれは勝者側の資料。果たして本当はどうだったのだろうか？

川の向こうに見えるのが一条軍が城下町を襲い長宗我部方を挑発した中村城跡

佐国司。立派な公家なのである。

国司という大昔の権威が支配者として君臨する土佐は、いまだ平安朝にタイムスリップしたような不思議な地域だった。

しかし、そんな土佐も長宗我部元親の出現で鎌倉時代も南北朝時代も通り越し、一気に戦国時代に突入しようとしている。かつては土佐全域に浸透していた一条氏の力も、元親によって浸食されて、東部に限定されていた。

「一領具足制度」の充実で短期間での大量動員が可能となる

それでも一条氏の権威はまだ強い。家臣のクーデターにより一時は九州に逃れていた当主・一条兼定が天正３年（１５７５年）に復権して本拠に帰ると、再び勢いを盛り返す。兼定が元親に奪われた四万十川（高知県四万十市）流域の地を奪い返すために出兵すると、これまで元親になびいていた土佐各地の土豪がつぎつぎと帰順。その兵力は３０００人にまで膨れあがった。人望という面では、兼定もそれなりにひとかどの人物であったようだ。

兼定は四万十川西岸にある栗本城に陣をかまえて、迎撃する態勢に入る。そして四万十川以東の長宗我部氏の勢力圏へ度々出撃して挑発しながら、元親がやってくるのを待った。四国随一の大河である四万十川の流れを天然の要害として、侵攻してくる長宗我部軍を迎撃しようという作戦である。一方、元親もまた決戦を欲していた。一条氏の勢力を殲滅して、土佐を統一するまたとないチャンスである。さっそく兵を招集すると、わずか3日余りで一条軍の倍以上になる７０００人の軍勢を集めていた。この重要な決戦のときにも、一領具足のシステムは見事に機能したのだ。

元親に率いられた長宗我部軍が四万十川の東岸に現れると、それを予想して待ち構えていたにもかかわらず、兼定の表情に戸惑いの色が浮かんだ。兵たちもまた戦意が萎んで腰が引けてしまっている。７０００人という軍勢は、これまでの四国での戦いでは常識外れの大軍である。まさか、敵がこれほど短期間で大量の兵を動員してくるとは、彼らの予想の範疇を遙かに超えていたのだ。自ら軍勢を率いて戦場に赴くあたり、兼定はただの公家ではなかった。しかし、元親の資質はそれを遙かに凌駕している。元親の父である国親に援助して長宗我部家を再興させたことを、このとき、彼は悔やんだことだろう。

大軍に怯える一条方は兵力を分散する大失態を犯す！

一両具足制度による大量動員を可能にした時点で、すでに勝負はついていたのかもしれない。勢いに乗る長宗我部軍の第1陣が、四万十川の流れをものともせずに渡河してくる。一条軍は弓矢や鉄砲で必死に防戦するが、大軍の恐怖に怯える兵たちはジリジリと後退してしまう。長宗我部軍の第2陣に控えていたのは、戦巧者の福留儀重《ふくとめよししげ》が率いる騎馬隊である。敵の怯えを見てとった彼は、即座に上流に向かって駆け出した。福留隊が上流から渡河して回り込んで攻めてくる……そう判断した一条軍は、慌てて上流側にも兵を配して福留隊の渡河を阻止しようとした。

しかし、一条軍の行動はあきらかに過剰反応である。儀重の陽動にまんまと引っかかり、ただでさえ劣勢の兵力を分散する失態を犯してしまう。兵力が分散して正面の防御が手薄になったところで、

「今だ、全軍突撃！」

チャンスを鋭く察知した元親は総攻撃を命令。後方に控えていた予備兵力まですべて投入して、一条軍の陣へ突入させた。

手薄になった一条軍の防御網は、もはやこの猛烈な重圧に耐える力はない。こうなると兼定の権威に追従して参戦してきた土豪勢力は、次々に逃走しはじめる。じつに脆《もろ》い。また、一条軍の主力である土佐西部の諸侯は、これまで一条氏の支配のもと戦乱に巻き込まれることなく平穏に暮らしてきた、中小の土豪勢力。血の

合戦MVP

福留儀重

長宗我部家中きっての荒武者

長宗我部家臣団のなかでも武勇で知られた人物である。騎馬隊を使って敵を陽動し、兵力を分散させることに成功。これによって長宗我部軍は渡河作戦を容易に遂行することができた。

近代戦では、上陸作戦などを実行するとき、攻撃側は防御側の3倍の兵力が必要だという定説がある。それからすると、約2倍程度の兵力しかなかった長宗我部軍は、渡河攻撃を失敗する可能性も多分にあったはず。さほどの被害もなく四万十川を渡れたのは、彼の巧みな陽動作戦が成功したことが大きな要因としてあげられるだろう。

抗争を繰り広げてきた土佐中央部や東部の将兵と比べたら、戦闘経験の差は歴然としている。歴戦のベテラン兵士に初陣の新兵たちが敵うわけもなく、串刺しにされ切り伏せられるシーンがあちこちで展開される。一条軍が1000人近い戦死者を出しながら、長宗我部軍にほとんど死傷者がでなかったというのも、戦闘経験の差が影響しているところが大きい。元親が総攻撃を命じて一時《いっとき》もたたぬ間に、敵は総崩れとなり敗走していった。

この敗戦で一条兼定の求心力は急速に失われ、もはや元親に逆らう者はおらず、土佐国の統一も時間の問題となった。戦国大名・長宗我部元親がみせた凄まじい動員力と鋭い戦術が、国司の権威を信奉しつづけてきた土佐国人衆の目を覚まさせた。

勝敗のポイント

わずか数日で7千もの大軍を動員した長宗我部の一領具足制度！

鉄甲船

この「安宅丸」は後に徳川秀忠の発案で寛永12年（1635）新造された巨大な軍船型式の御座船。当時その大きさなどが話題となった（画：谷井健三／船の科学館蔵）

天正4年（1576年）の第一次木津川口海戦では、毛利方の村上水軍が使用した焙烙火矢《ほうろくひや》によって、織田水軍の大型船はことごとく燃やされ敗れ去った。そして天正6年（1578年）、石山本願寺に兵糧を輸送するために、村上水軍は再び大坂湾へ来襲して木津川口を突破しようとした。

これに対して、織田信長は水軍大将の九鬼嘉隆《くきよしたか》に命じて造らせた新兵器の鉄甲船で対抗する。この船は当時では最大級の軍船で、その船体は厚さ3ミリの鉄板で覆われている。いかに村上水軍の焙烙火矢が強力でも鉄は燃やすことはできない。

信長はこの鉄甲船を6隻ずらりと木津川口にならべて河口を封鎖。村上水軍は600隻の大軍で突撃してきたが、火矢や鉄砲を打ちかけても鉄甲船はビクともしない。また、鉄甲船は3門の大砲や大量の鉄砲で武装され、この集中砲火で村上水軍は壊滅。この強力な新兵器により織田軍は大坂湾の制海権を完全に手中にした。「火も鉄砲も通用しない鉄製の巨船とは……」と、観戦したポルトガル宣教師も驚いて、本国へ報告している。

耳川の戦い《みみかわのたたかい》

天正六年（１５７８年）

大友宗麟 × 島津義久

九州最大の大名である大友宗麟が、５万人の大軍を率いて日向へ侵攻。対する島津義久は必殺の釣り野伏せり戦法で決戦に臨む！

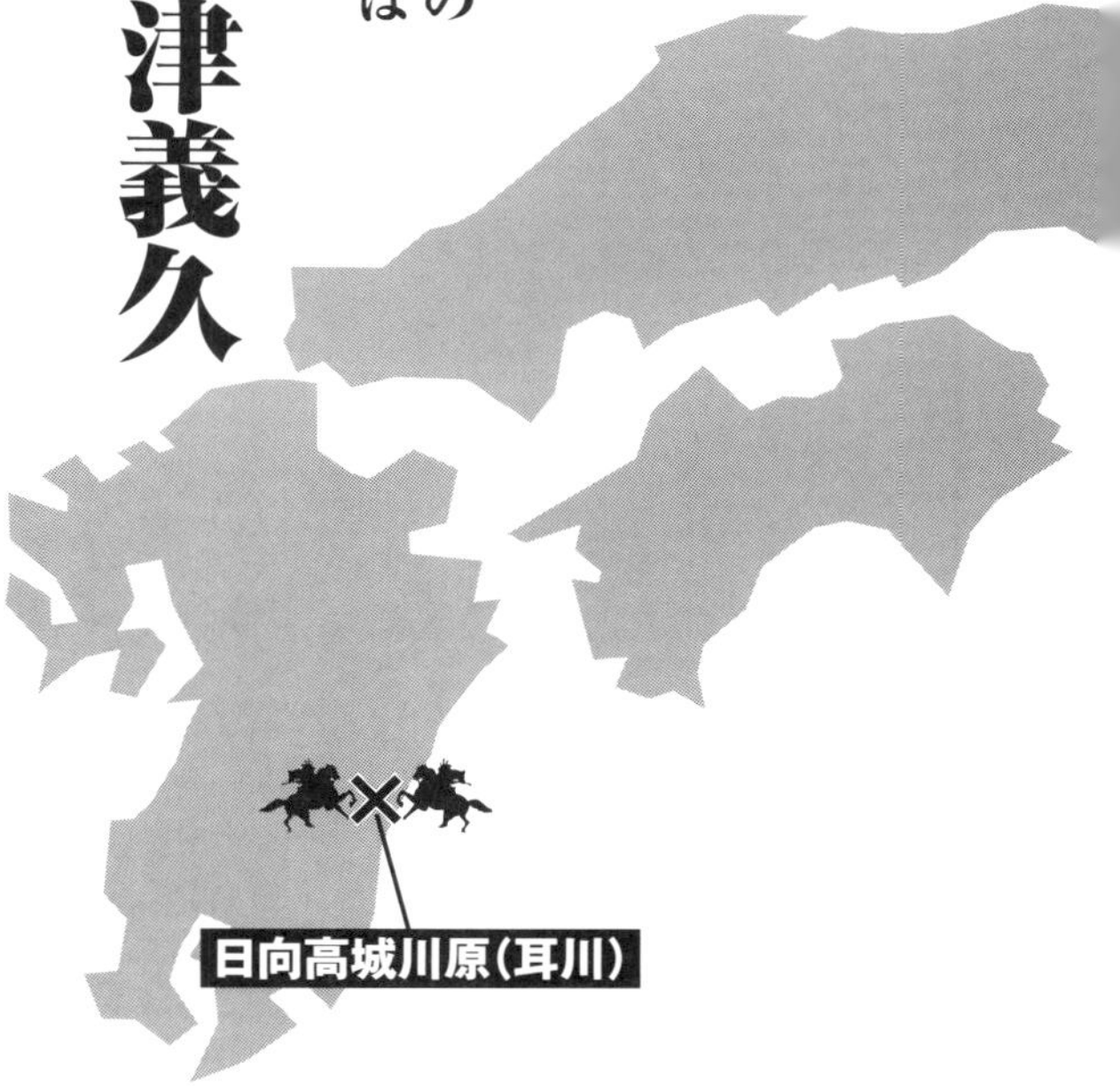

島津氏が九州最強勢力にのし上がった決戦！

凋落期の超大国が最後の意地を賭けて
島津氏討伐の南九州侵攻作戦を発動！

豊後、豊前、筑前、筑後など九州の北半分にあたる六カ国を制圧した大友宗麟《おおともそうりん》の勢力は、九州はもちろん西国でも飛び抜けていた。国際貿易港の博多から得る経済的権益により、潤沢な軍資金と最新兵器の鉄砲を大量に保有する軍団は無敵を誇った。ところが、その超大国にも落日のときがやってくる。

キリシタンに帰依した宗麟は、信仰に熱心になるあまり、領土的野心が減退。それが、鋭かった戦略的思考を曇らせる。元亀元年（１５７０年）、肥前の新興勢力である龍造寺《りゅうぞうじ》隆信《たかのぶ》に生涯初の大敗を喫すると、ますますキリスト教への傾倒を強めていった。

そんな凋落期に、新たな敵を迎えねばならなかったのも宗麟にはツキがない。この頃、薩摩と大隅の太守である島津氏は領国の統一を完遂して、北進政策を推し進めていた。これに圧迫をうけた日向の大名である伊東義祐《よしすけ》は、天正５年（１５７７年）、宗麟に救援を願いでてくる。親戚筋にあたる義祐の願いを無下に断るわけにもいかない。また、日向を奪われると、やがて島津氏は宗麟の勢力圏にも侵攻してくる危険性もある。ここで宗麟は重い腰をあげて久しぶりに戦う決意をする。

３万５０００人の大軍を率いて本拠の豊後より出陣。国境を越えて日向へ侵攻する頃になると、兵力は5万人にも膨れあがっていた。

まだまだ大友宗麟の威光は衰えていない。だが……彼はここで大きな失態を犯してしまう。

両軍戦力比較表

大友軍		VS	島津軍	
豊後、豊前など６カ国		領国	薩摩、大隅など３カ国	
主な武将	約150万石	石高	約90万石	主な武将
田原親賢、田原親貫、白杵鎮次、桑野春元、三池鎮実、星野鎮豊、田北鎮周、蒲池鑑盛、佐伯惟教、角隈石宗など	50,000人	動員兵力	40,000人	島津義弘、島津家久、島津以久、伊集院忠棟、山田有信など
		装備		
		補給力		
		精強度		
		士気		
大友宗麟			島津義久	
 花杏葉		総大将の家紋	 丸に十字	
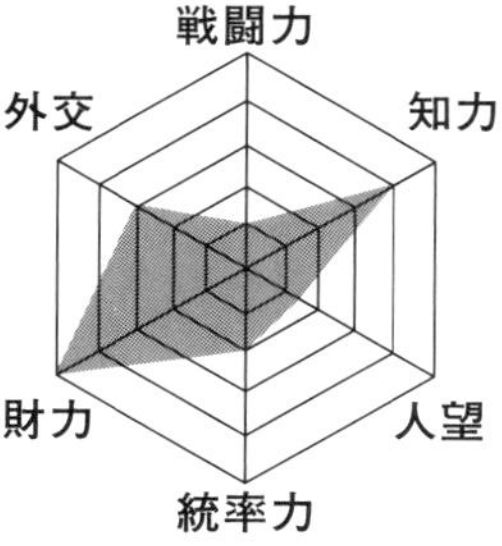		総大将の能力値	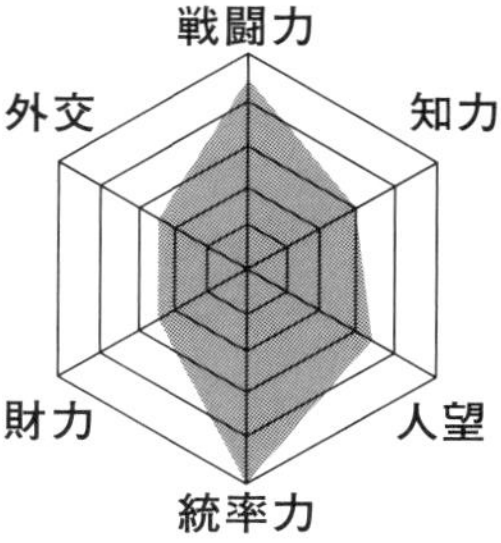	
最盛期と晩年とで、これほどまでにその能力値が違ってくる人物は珍しい。壮年期までの宗麟は、人望や統率力も満点に近く、また、戦略や戦術も卓越したものをもっていた。もし、この時期の宗麟と戦っていたなら、島津氏も、もっと苦しい状況に追い詰められたことだろう。		備考	義弘や家久など猛将として知られる弟たちを上手に操縦して、精強な島津軍団を育てた手腕はなかなかのもの。人づかいの上手い領主だった。また、温厚な性格で家臣からも慕われたという。これほど兄弟がみな優れていた一族も当時としては珍しいのではないだろうか？	

恐怖に駆られ急流に飛び込んだ兵士も続出した（写真は耳川古戦場跡と耳川）

自らのキリスト教への信仰心の厚さを誇示するため、侵攻ルートにあった寺社を片っ端から破壊したのである。もともと、豊後の地は仏教文化の影響が強く、その軍勢にも信心深い仏教徒が多かった。将兵は宗麟の暴挙に怒り呆れて、主従の結束力は失われてしまう。

島津軍の「防御システム」が機能して大友軍は心身ともに疲労困憊！

大友宗麟の侵攻軍に対して、島津氏の当主である義久《よしひさ》は防御に徹する戦術を採択した。島津氏の領国である薩摩や大隅は、郷村ごとに「外城」と呼ばれる在地の地頭による防衛システムが網の目のように張り巡らされていた。また、丘陵が多く起伏に富んだ地形も守る側には優位である。島津側は新たに獲得した日向の地にも、この防御システムを構築していた。領土内に侵攻してきた大友軍を引きつけるだけ引きつけておいて、疲弊したところで叩こうという戦術は、ナポレオンの大軍を壊滅させた帝政ロシアの作戦ともよく似ている。

宗麟の軍団もナポレン軍と同様、島津軍の幾重にもつづく防御陣とゲリラ戦術によって疲弊していた。また、大友軍の総帥である宗麟は日向北部まで来たところで、

「私はこの地で勝利を祈って待つことにする」

と、自分は軍勢から離脱して作戦の指揮を重臣の田原親賢《たわらちかたか》に丸投げしてしまう。この宗麟の無責任な行動が、将兵の士気をさらに萎えさせてしまう。

日向南部の平野部に差し掛かった頃には、すでに大友軍の将兵は心身ともに疲労困憊といった状態である。しかし、戦いはこれからが本番。この日向南部から大隅、薩摩の地は島津氏が古くから勢力を張っている地で、守りはさらに固くなってくる。

この平野部を抜けるための最初の障害が、高城川と切原川が交差する要害の台地にあって、大友軍の侵攻ルートである豊後街道を睨む高城である。この城にはわずかの城兵しかいなかったが、大友軍はその攻略に苦労して、なかなかこれを落城させることができないでいた。

大友軍の疲労を見てとった島津義久は出陣して、高城に近い佐土原まで進撃。ここに本陣を置いた。このとき、義久が集めた軍勢は4万人というから、兵力のうえでは拮抗している。しかし、疲労して厭戦《えんせん》ムード漂う大友軍とは、比べようもないほどに士気は旺盛だった。

耳川の戦い

島津のお家芸「釣り野伏せり」が大友軍に壊滅的打撃をあたえる！

島津家久《いえひさ》が指揮する軍勢が高城川の対岸まで押し寄せて大友軍と対峙する。さらに島津軍は、別働隊を密かに渡河させて大友軍の側面にまわり込ませていた。そして、対陣していた島津の本隊が挑発するように鉄砲を撃ち、これに怒った大友軍の各隊が渡河して攻撃すると、射撃をつづけながら後退してゆく。これを島津側が弱気になったと見てとった大友軍の諸将は、

「逃がすな！」

後退する島津勢に引きずられるようにして、続々と川を渡り追撃。しかし、これは罠だった。島津軍が得意とする「釣り野伏せり」の戦法である。

全軍を3隊に分けて中央の1隊がオトリとして敵を引き寄せ、伏兵となった2つの隊がこれを両側面から挟撃、反転してきた中央の1隊と合同して三方から包囲して殲滅をはかるもの。この場合は本隊がそのオトリ役であり、左右からの側面攻撃は別動隊と高城に篭る城兵が受け持つ。本隊を追撃して大友軍の陣形が長く延びきったところで、

「よし、攻めかかれ！」

城兵が後方から、また、別働隊が側面から苛烈な銃撃をくわえてくる。鉄砲伝来の地である種子島を所領にもつ島津勢。鉄砲は豊富に保有しており、その火力は強烈なものだった。

さらに長槍部隊の突撃によって、大友軍は突き崩される。

あとは島津軍の一方的なワンサイドゲームで

ある。敗走する大友軍を北方の耳川（宮崎県椎葉村）まで追撃してゆく。恐怖に駆られて急流に飛び込んだ大友軍の将兵は大勢の溺死者を出し、最終的に戦死者は４０００人を超えてしまった。

もはや大友軍は完全に壊滅である。後方の安全地帯でその敗報を聞いたとき、宗麟はもはや日向侵攻の意欲もすっかり萎えて、即座に豊後まで撤退した。

多くの重臣や兵を失い、家臣団の信頼をすっかり喪失した宗麟に、もはや島津の勢いを止める力はない。島津氏に日向を完全に奪われ、やがては豊後へ侵攻されて、一時は国府を占領され、本拠の丹生島城さえも危うい状況となる。豊臣秀吉に臣従して救援を求めるも、九州の超大国の栄光は完全に失われてしまった。

合戦MVP

島津家久

戦国時代屈指の用兵家

島津軍の本隊を指揮して、みごと「釣り野伏せり」の戦法を成功させた島津家久の戦闘指揮がキラリと光る。長男である当主の義久を頭とする島津4兄弟の四男だが、兄弟のなかでも一番の戦上手である。それがゆえに、義久も島津一族の運命を賭けた一戦の指揮を彼にまかせたのだろう。

この後も、家久は島津家の戦いではつねに先陣を切って戦った。豊臣秀吉の大軍を破った戸次川の戦いなども、その勝因は彼の卓越した戦闘指揮によるところが大きい。戦術レベルでは屈指の武将といえるだろう。

勝敗のポイント

島津軍が誇る「戦国最強の策」に嵌まってしまった大友軍！

大坂の役

苛烈を極めた！二大攻城戦 弐

慶長十九年（1614）～慶長二十年（1615）
徳川側家康VS豊臣秀頼

●20万の大軍でも落とせない巨城も家康の謀略で防御力がゼロに！

関ヶ原合戦後も豊臣秀吉の遺児である秀頼は、3カ国65万石の大名として大坂城を居城としていた。豊臣家の弱体化を狙う家康は、慶長19年（1614年）、秀頼が方広寺大仏殿を再建した時に鐘に刻んだ「国家安康」の文字が徳川家を呪詛《じゅそ》するものだと難癖をつけて、国替えと大坂城からの退去を求めてくる。これに反発した豊臣家側も真田幸村や長宗我部盛親など、関ヶ原合戦後、取りつぶされた諸将や浪人者などを大量に召しかかえる。10万人近い軍勢を大坂城に入れて対決姿勢を露わにした。

全国の諸大名を招集した家康は、20万人の幕府軍を編成して大坂城を包囲する。しかし、二重の堀や総構えによって何重にも守られた堅牢な城は、大軍の攻撃にもビクともしない。それどころか、城の南面に構築された真田丸などからの攻撃で、幕府側は多大な被害をうける。ここで家康は城の本丸に向けて欧州から購入した大砲で集中砲撃をおこなった。砲撃程度で巨城は落ちるものではない。しかし、心理的効果は抜群である。豊臣家で大きな発言権をもつ秀頼の母・淀君が大砲の轟音に脅えて、城の防御に最重要な外堀を埋めるという条件をのんで講和に応じてきた。しかも、家康は突貫工事で外堀どころか内堀まで埋めて、大坂

秀吉が心血注いで造った大坂城。もし外堀を埋められなければ、どれだけの期間攻撃に持ちこたえることができたのだろうか？

城を丸裸にしてしまった。秀吉が心血注いで造った巨城は力攻めで落とすのは無理。それを悟った家康は謀略を駆使したのだ。

そして翌年の慶長20年（1615年）、家康は再び大軍を率いて大坂へ侵攻した。謀略により裸城にされた大坂城である。今度は落とすのは容易い。苦戦を予想して城兵の多くが逃亡し、豊臣方の兵力は半減している。もはや守りに徹していても勝機はない。豊臣方は河内の道明寺と八尾でイチかバチかの野戦を挑んだが、数に勝る幕府軍に蹴散らされてしまう。さらに天王寺付近で最後の決戦を挑み、真田幸村が家康の本陣にまで迫る健闘をみせたが、ついに力尽き豊臣方は壊滅。幕府軍はそのまま無防備な城内に進撃して制圧を完了。

天守閣は燃え落ち、隠れていた淀君と秀頼の母子も脱出不可能と悟って自害した。その象徴であった巨城とともに、豊臣家は滅亡してしまった。

「主君の仇を討て！」
秀吉は夜を徹して中国路を走った

07

戦国十大合戦

山崎《やまざき》の戦い

天正十年（1582年）

明智光秀×羽柴秀吉

信長、本能寺にて死す！　衝撃の情報を得た秀吉は、中国路を記録的なスピードで進撃。決戦の地・山崎めざして爆走した。

主君の敵・光秀への挑戦権を得るため織田家中の諸将は先を争った

天正10年（1582年）、織田信長は本州中央部をほぼ制圧して、その版図は400万石以上に膨れあがっていた。その強大な武力と経済力は、複数の方面へ同時に侵攻することを可能にしている。そのため、最高位の重臣6人にそれぞれ攻略目標をもたせて、その下に直臣や小大名の兵力を配して多方面への侵攻を可能にする編成をおこなっている。いわば近代の軍隊でいう「軍団」を創設したのである。

天下統一を急ぐ信長は、配下の軍団を休むことなく戦場に駆りたてた。そのためオーバーワークぎみの将兵は不満を鬱積《うっせき》していたという。また、織田政権の中枢部である安土や京都には、いつも予備兵力がほとんどいない……それが、明智光秀の叛乱を可能にした。本能寺の変が起こった時点で、京都周辺にまとまった兵力といえば、中国路への増援に向かう明智光秀が率いる1万5000人の兵団しか存在しなかったのである。クーデターは起こるべく起こったのかもしれない。

この時、織田軍の他の軍団長たちはどうしていたか？　筆頭家老の柴田勝家《かついえ》は北陸で上杉氏の軍勢と対峙し、滝川一益《かずます》は関東で北条氏と戦っていた。そして羽柴秀吉は、備中で高松城を水攻めにしながら毛利の大軍と睨み合っていた。明智光秀の叛乱を知ったとき、当然のこと各軍団長はその仇討ちをしようと考える。しかし、敵軍と対峙している状況では即座に京へ向かうことは難しい。敵が後方から追撃してくれば、

両軍戦力比較表

明智軍		VS	羽柴軍	
丹波、近江の一部など		領国	近江北部、播磨の一部など	
主な武将	約30万石	石高	約40万石	主な武将
津田信春、斎藤利三、柴田勝定、阿閉貞征、明智茂朝、御牧兼顕、松田政近など	16,000人	動員兵力	35,000人	(主な武将)高山右近、中川清秀、中村一氏、池田恒興、加藤光泰、堀秀政、黒田官兵衛、羽柴秀長など
		装備		
		補給力		
		精強度		
		士気		

明智光秀	総大将の家紋	羽柴秀吉
 桔梗		 五七の桐

総大将の能力値

明智光秀

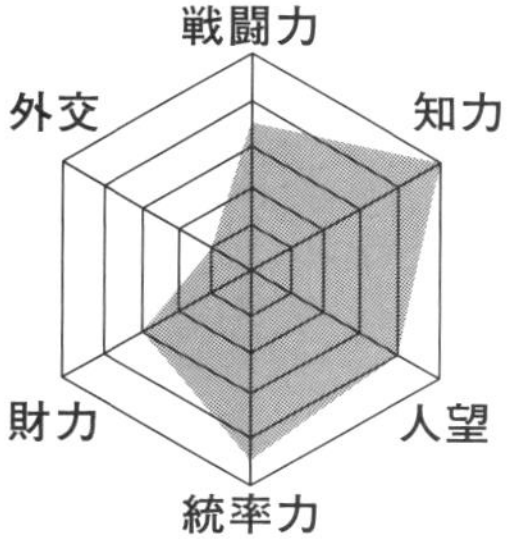

羽柴秀吉

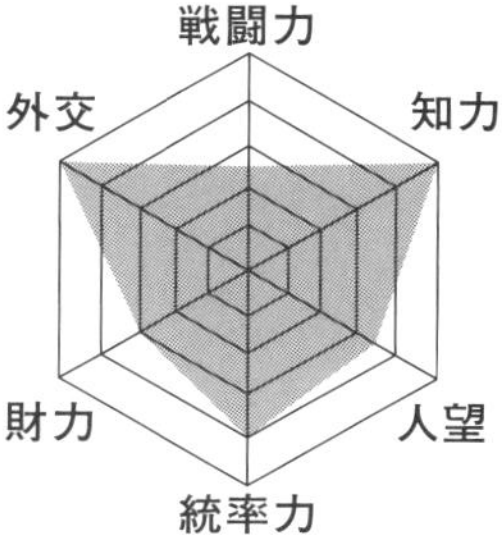

備考

明智光秀	備考	羽柴秀吉
家臣からは慕われ、諸将からの人望もあった。同僚の諸将の間では、成り上がり者の秀吉より交友関係は広かったが……やはり、主殺しの汚名がネックになる。また、戦場での指揮能力、戦術などの面では、織田軍の諸将のなかでも最高レベル。秀吉よりも高かった。		中国を大返しを可能にしたのも、毛利氏との外交折衝に成功したから。この外交的手腕と「中国大返し」を可能にした迅速な行軍が、秀吉の優れた資質。ただし、野戦での戦闘指揮においては……織田軍の司令官のなかでも、高いほうとは言えなかった。

これに連動した明智軍に挟撃される危険性もある。各軍団長にとっては、誰がいち早く畿内に戻って、反逆者・明智光秀と戦う挑戦権を得ることができるかの競争でもあった。

そして、この競争を制したのが羽柴秀吉である。6月3日に本能寺の変を知った秀吉は、その翌日には毛利氏との和平交渉をまとめて、6月6日には撤退を開始した。その後「中国大返し」と呼ばれる強行軍で、約100キロの距離を徹夜で走り、6月7日夜半に本拠の姫路城に到着していた。軍備を整えると休む間もなく6月9日早朝には姫路城を出発。そして6月12日、早くも臨戦態勢で摂津に到達していた。毛利氏との早期講和をまとめた巧みな外交戦術にくわえ、この迅速な軍事行動で他の軍団長を出し抜いて、光秀への挑戦権を手にしたのである。

「まさか、こんなに早く……」

羽柴軍の帰陣に最も驚いたのは、唯一、畿内にあった軍団長の丹羽《にわ》長秀と信長の三男である織田信孝だったかもしれない。2人は大坂で四国侵攻作戦の準備をしているところだった。京に最も近い場所にあり、兵も揃っていたのだが、一瞬の躊躇が秀吉の後塵を拝することになってしまった。

羽柴軍団の予想外の進撃スピードに光秀の天下獲り戦略は狂う

姫路城で軍団の再編を終えて、羽柴秀吉が率いてきた軍勢は1万5000人前後だったといわれている。これには、軍団長として彼の指揮下にあった寄騎《よりき》衆の軍勢も含まれている。また、秀吉と同格の軍団長であった明智光秀も、同程

戦国十大合戦

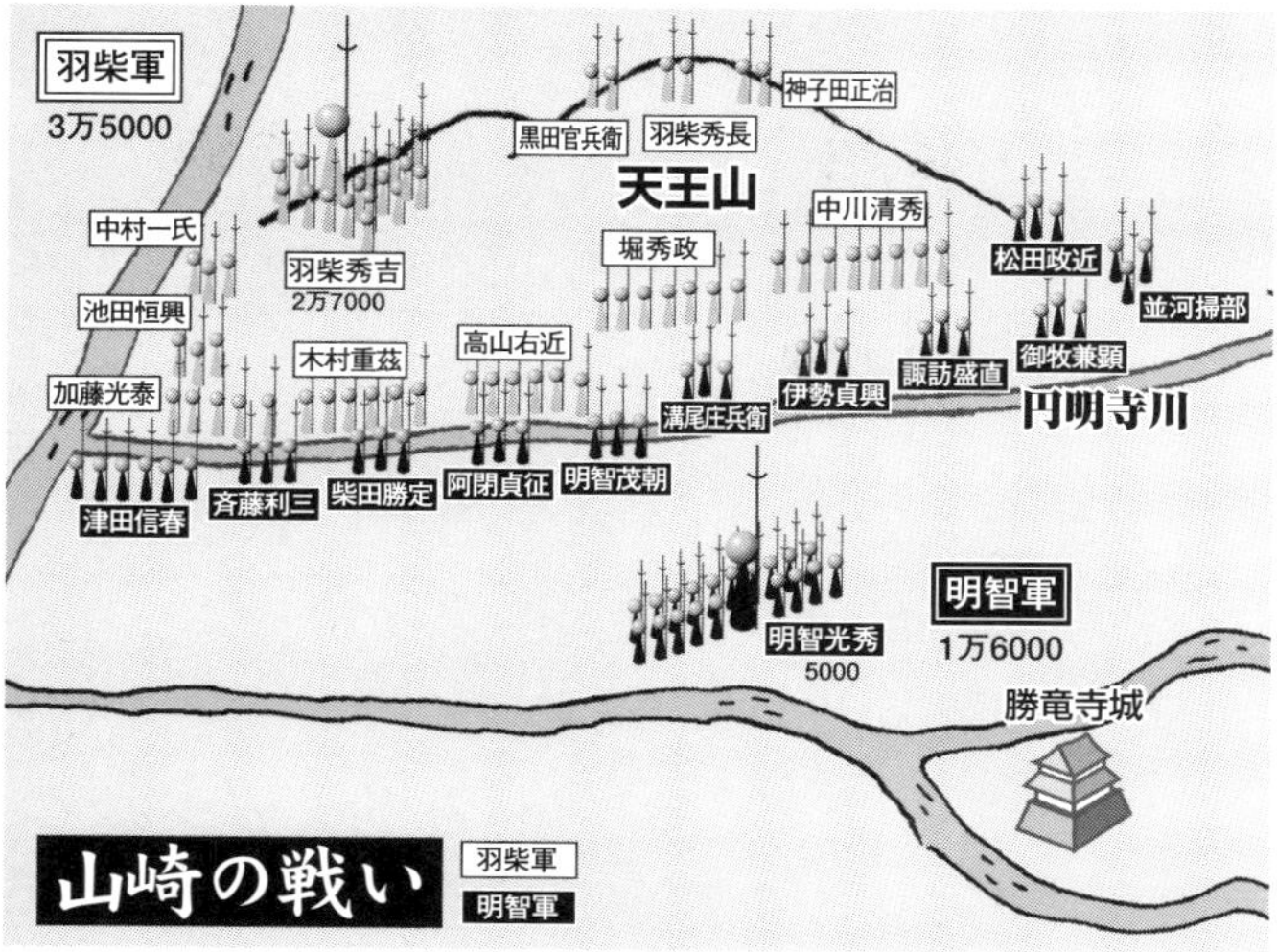

光秀は狭い道を囲むように布陣。羽柴軍を包み込んで各個撃破しようとした。しかし、数に劣る明智軍の左翼・津田隊が乱れると、形勢は一気に羽柴軍へ

度の直属の兵団を保有している。この時点ではまだ双方の兵力は拮抗していた。畿内に残っている織田の直臣や小大名の勢力が、はたしてどちらの味方につくかで、この勝負は決まる。

光秀もそのことは充分に承知していた。そのため信長を本能寺で誅殺した後は、積極的に動いて細川藤孝《ふじたか》や筒井順慶《じゅんけい》など、畿内に残っていた大名たちを味方に引き入れる工作をおこなっている。畿内の兵力をまとめておけば、他の軍団長が四方から攻めてきても充分に長期戦を戦うことができる。そして、長期戦に持ち込めば経済的先進地の畿内を制圧している光秀のほうが優位になってくる。戦をつづけるには金がかかる。最後は経済力がモノをいうのだ。

しかし、そう光秀の思惑通りに事は運ばない。足利義昭に共に仕えた頃からの盟友である藤孝

明智五宿老のひとりで、山崎の合戦後に秀吉に斬首にされた斎藤利三の屋敷跡

は「信長公の喪に服す」として光秀の再三の要請を断り、丹後の宮津城に閉じ篭ったまま。他の大名たちもほとんどが中立の立場で様子を見守っているといった状況。まだ、下克上が日常茶飯事だったこの時代、光秀の主殺しは他の大名を引き入れるには不利な条件ではあるが、決定的な悪条件でもない。

他の大名たちも道義的なものより、突然の政変に驚き思考停止状態だったり、また、どちらに荷担するのが有利かを計りかねている状況である。時間をかけて説得すれば多数派工作は十分に可能だと光秀は考えていたのかもしれない。

しかし、秀吉の進撃は、

「速すぎる！」

予想外だった。秀吉の素早い軍事行動が、光秀の思惑を狂わせる。去就を決めかねていた大名たちが、続々と兵を率いて羽柴軍に合流する。同規模の兵力ならば、大義名分のあるほうに荷担したほうがいい、そういったところだろうか。摂津の領地に篭っていた中川清秀や高山右近《うこん》、さらには、大坂でグズグズしていて光秀への挑戦権を秀吉に奪われた織田信孝や丹羽長秀も渋々ながら合流してきて、秀吉の軍勢は3万5000人に増えていた。

光秀は数日の間に、瀬田城や日野城などを攻略。一応、近江や山城を平定して支配下におさめていたものの、動員兵力は本能寺の変の時とほとんど変わらず1万5000~6000人といったところ。その差は倍以上に広がっている。兵力の不安から、摂津まで進撃して秀吉の軍勢に対して積極的な迎撃をおこなえない。

秀吉は摂津富田で諸将を招集して、すぐに作戦会議を開いた。そして、京への入口にある山崎（京都府大山崎町）に布陣することを決定。山崎は京都盆地の西辺、盆地を取り囲む山並みが途切れる地峡にある。この地峡に西国街道や淀川水系など京へ至る交通路が集中するため、南北朝の争乱や応仁の乱など、都の支配権を争う争乱が起こると、その戦略上の要地として激しい戦闘が度々繰り広げられた場所である。

山崎を制する者が天下を制する！ 光秀もそれを理解していたが……

光秀は当初、この山崎の地峡の両端にあった男山と天王山に兵を配置して、進撃してくる秀吉軍に両サイドから逆落としの攻撃をかけるという作戦を立てていた。そして、実際に男山に兵を移動させつつあった。

しかし、明智軍の兵の配置が終わらないうちに、山崎からわずか12キロしか離れていない摂津富田にやってきた秀吉のもとに、各地から続々と援軍が馳せ参じて、兵力はあっという間に増えてゆく。逆に光秀のほうは、最後の望みをかけて援軍を要請していた大和の大名・筒井順慶にも無視されて、予定した兵力を山崎に配置することができない。兵力不足は決定的なものとなった。そのために、せっかく占拠していた戦略的要地の男山から後方の勝竜寺城へ兵を引かせるしかなかった。

ここでも、羽柴軍の予想外の速い動きによって光秀の作戦は破綻している。そして、秀吉はこの後も迅速な動きで先手を打ち、戦いの主導権を握ってゆく。軍議で山崎への進撃が決定した6月12日、この夜すでに秀吉の軍勢は摂津富田を出発して、先鋒の高山右近の部隊が淀川の北岸にあった山崎の宿場町とそこを通る街道を占拠、さらに、その宿場町を見下ろす標高270メートルの天王山に黒田官兵衛や羽柴秀長の軍勢が布陣した。この頃、光秀はやっと京や近江から駆けつけてきた兵力を結集し、翌6月13日には勝竜寺城を出撃して円明寺川を挟んだ山崎の対岸に布陣したところ。しかし、すでに対岸は秀吉の軍勢によって堅陣が展開されている。しかも、要地である天王山も敵の手中にあり、たとえ兵力で勝っていても渡河して攻め込むのは危険である。

光秀は決して愚将ではなく、戦上手という点では光秀のほうが秀吉よりも数段上という評価もあった。また、明智軍は鉄砲などの装備も充実して、各部隊には戦闘経験豊富な前線指揮官

07 山崎の戦い

本能寺の変を知り、うろたえる秀吉に天下獲りへと邁進するよう進言した軍師・官兵衛。彼のひと言で秀吉も落ち着きを取り戻した

美濃山中、中洞（岐阜県山県市）に伝わる明智光秀の墓所

が配されてもいる。戦術レベルでは織田軍のなかでも最強の軍団。そういった評価も定説としてあったのだ。

しかし、この戦いに限っては光秀の策がすべて後手にまわっている。さすがに戦上手の光秀は、ここでの無謀な突撃は不利と悟って自重したが、精神的に追い込まれた明智軍の諸将は苛立っていたのだろう。しかもこの日は雨が降りつづけていた。鬱陶しい天候もまた、神経を逆なでする……川を挟んでのにらみ合いは早朝から夕方4時近くまで、数時間におよんでいる。

このとき、対岸で動きがあった。天王山の左翼に陣を張っていた中川清秀の軍勢が下山して円明寺河川畔に近づいてきた。右側に迂回して明智軍の側面を衝く渡河攻撃を意図しているようにも思える。ひょっとしたら陽動作戦だったのかもしれないが、もはや我慢の限界にきていた明智軍の諸将がこれに過剰反応してしまう。

最前線にいた部隊が、中川清秀やその近くにいた高山右近の部隊に対して渡河攻撃を仕掛けてしまったのだ。

再起を誓って勝竜寺城を脱出したが光秀は藪の中でその生涯を終える

戦いは当初、寡兵の明智軍が猛攻で押しまくっていた。さすがに「最強軍団」の異名はダテではない。斎藤利三や伊勢貞興といった猛将たちが、秀吉軍の前衛を崩壊寸前のところまで追い詰めている。しかし、ここで天王山にいた黒田官兵衛や羽柴秀長の軍勢が山を駆けおりて側面から攻撃を仕掛けた。これが効いた。明智軍の猛攻は止まり、秀吉軍は落ち着きを取り戻す。


兵力的に劣る明智軍が勝利するには、先手必勝で敵の態勢が整わないうちに勝負を決めなければならなかったのだが……がっぷり四つに組み止められてしまっては、あとは自力に勝る大軍が圧倒的に優位になってくる。

戦いが始まってから2時間ほどが経過、夕陽が西に没する寸前になって、ついに明智軍の限界がきた。戦力的に余裕のある羽柴軍は、淀川沿いに布陣していた池田恒興や加藤光泰《みつやす》などの軍勢を密かに渡河させていた。その軍勢が、川沿いで奮闘して敵の渡河を防いでいた津田信春の部隊を奇襲してこれを崩壊させる。これを突破口に、羽柴軍の諸隊が殺到。後方にいた丹羽長秀や織田信孝までが渡河を完了して、大軍が側面から光秀の本陣に襲いかかる。また、この頃には中央で激しく戦っていた中川清秀、高山右近の隊も敵を圧迫して川の対岸に押し戻しつつあった。明智軍のほうでは、もはや勝機なしとみた雑兵たちが逃亡を始めて総崩れとなる。

「私が討死するまでの間に、なんとか逃げて再起を果たしてください」

光秀の側近はそう言い残して、羽柴軍の大軍に決死の突撃をかけた。その間に、光秀はなんとか勝竜寺城まで逃走することができた。2時間余りの戦闘は数に勝る羽柴軍の圧勝である。

光秀は勝竜寺城で態勢を立て直して、もう一度決戦を挑むつもりだった。しかし、脱走兵が相次いでとても戦える状況ではない。また、秀吉の行軍は相変わらず素早かった。野戦での勝利の余勢を駆って、そのまま勝竜寺城を包囲して猛攻をくわえる。勝竜寺城は平野部にある小城で、防御も弱く大軍の攻撃に抗えるものではない。

「坂本城まで引いて再起に賭ける」

光秀は命からがら城を脱出して、本拠の坂本城をめざした。坂本までたどり着けば、残留部隊と合流して再び秀吉と戦うことができる。また、坂本城は彼が長年心血を注いで築城した堅牢な要塞であり、たとえ秀吉が何万の大軍で攻めてきても長期戦で持ちこたえることもできる。そうすれば、信長の死後、決して一枚岩ではない織田家中の諸将を自分の陣営に引き入れることができるかもしれない。

光秀はこの時点でもまだ勝負を捨ててはいなかったが……この脱出の途中、京が間近に迫った小栗栖（現在の京都市伏見区）の竹藪に差し掛かったところで、落ち武者狩りの農民に襲われて不遇の死を遂げてしまう。

勝敗のポイント 光秀が態勢を整えるまえに畿内に進撃した迅速な軍事行動

合戦MVP 黒田官兵衛（如水）
冴え過ぎた知謀が仇となる

備中高松城攻めの最中、信長の死を知った秀吉は驚いて思考停止状態……黒田官兵衛だけが落ち着いて適切な処置を行い、毛利との講和や中国大返しを可能にすることができた。

また、山崎合戦でもいち早く天王山の重要性に気づき、軍勢を布陣させたのも勝利の大きなポイント。官兵衛が軍師として最も冴えをみせた。もっとも、信長の死が報告されたとき「殿の御運が開かれる時がきましたな」と秀吉の耳元で囁き、この一言で秀吉は彼の知謀を警戒するようになる。そのため、活躍に見合った待遇は与えられなかった。

信長を本能寺で殺害してから、わずか11日後のことである。後に「光秀の三日天下」といわれるようになる一瞬の天下だった。この後、羽柴軍は、光秀の本拠だった近江や丹波に進撃して、明智軍の残党を掃討。山崎合戦の3日後の6月16日に畿内を平定して秩序を回復している。最後までその行動は迅速であった。光秀が三日天下で終わったのも、裏を返せば秀吉の動きがそれほど速かったということである。

誰も予測することのできなかった速さ。ここに、秀吉圧勝の秘密がある。

信長の弔い合戦を成功させたことで、それに出遅れた実子の信孝《のぶたか》や信雄《のぶかつ》、織田家筆頭家老・柴田勝家などをさしおき、秀吉は後継者筆頭として諸将から認知されて、天下に最も近い人物と目されるようになる。

信長後継を争う決勝戦、賤ヶ岳の山中で両雄が激突！
柴田勝家
×
羽柴秀吉

08

戦国十大合戦

賤ケ岳《しずがたけ》の戦い

天正十一年（1583年）

北陸より進撃してきた柴田勝家を賤ケ岳で秀吉が迎え撃つ。猛将と知将による信長の後継者争いは、いよいよ最終局面に突入した。

多数派工作に成功した清洲会議で秀吉は絶対優位な状況をつくる

山崎の戦いで主君の仇を討ったことで、秀吉は大きなアドバンテージを得ていた。その後、織田家の後継者や遺領配分などの問題を話し合うため織田家の重臣が集まった清洲会議でも、彼がそのイニシアチブをとることになる。

この会議において、秀吉が信長の後継者として推した三法師は、信長とともに本能寺の変で死んだ嫡子・信忠の息子である。まだ2歳の幼児だけに、これを傀儡《かいらい》に織田家を簒奪《さんだつ》しようという秀吉のあからさまな魂胆が見える。秀吉にライバル心を燃やす柴田勝家は猛反発して、同じく秀吉を嫌っていた信長の三男である信孝を後継者に推し、会議は紛糾した。

しかし、秀吉とともに山崎の合戦で戦った丹羽長秀や池田恒興などは、すでに秀吉の陣営に与している。また、勝家と同様に秀吉嫌いで知られる滝川一益は、関東の戦場から帰参が遅れて会議に参加できなかった。

そのため勝家に賛同する者もなく、結局、秀吉の意見に押し切られてしまう。山崎合戦を契機に、織田家筆頭家老だった勝家の発言力も著しく低下していったのである。

領地の再配分についても、かなり秀吉に有利なものとなった。秀吉は明智光秀の旧領である丹波一国を得て、畿内の大半を自分に与する者たちの領土とした。勝家は秀吉の旧領である長浜を割譲されたが、その勢力は越前を中心とした北陸に押し込められ、政権の中枢から排除された形になる。また、秀吉を嫌っていた三男の

両軍戦力比較表

柴田軍	VS	羽柴軍
越前	領国	播磨、丹波、摂津
約45万石	石高	約95万石
30,000人	動員兵力	50,000人
	装備	
	補給力	
	精強度	
	士気	
主な武将：佐久間盛政、柴田勝政、金森長近、徳永則秀、不破勝光、原長頼、前田利家など	主な武将	主な武将：中川清秀、高山右近、小川祐忠、堀秀政、木村一元、柴田勝豊、丹羽長秀、羽柴秀勝、羽柴秀次、羽柴秀長など
柴田勝家		羽柴秀吉
 丸に二つ遠雁	総大将の家紋	 五七の桐
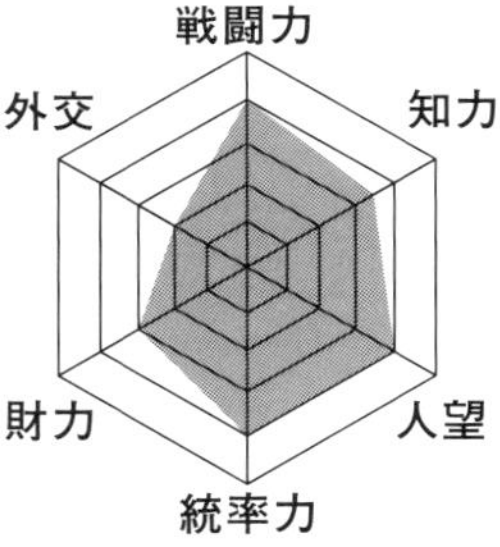	総大将の能力値	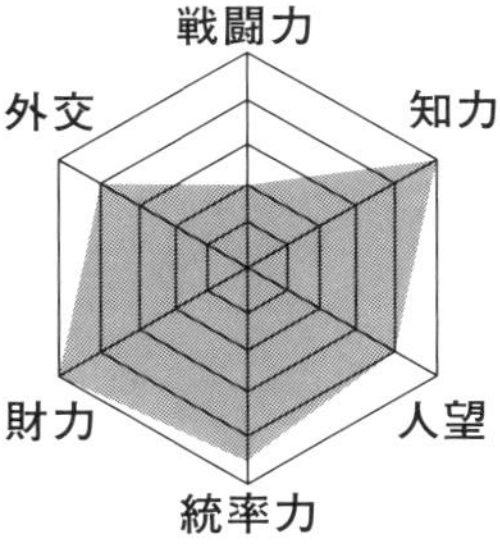
織田家中随一の猛将として鳴らした勝家。戦場での経験も豊富で、戦術レベルでの戦いでは秀吉より能力値は高かったかもしれない。しかし、政治力は欠如していた……清洲会議では多数派工作に失敗して、戦う前から不利な状況に追いやられていた感がある。	備考	家柄もない成り上がり者としてイマイチだった秀吉の人望も、信長の仇討ちを果たしたことで急上昇。人望を得たことで、もともと資質としてあった政治力や外交能力も、ここにきて大きな飛躍をみせた。秀吉の卓越した策謀のまえに、猛将・勝家も翻弄される。

信孝は美濃国を与えられたが、北陸とは地理的に遠く連携が難しい。秀吉の政治力と策謀が冴え渡り、戦う前から勝家陣営は不利な状況に追い詰めらていた。

勝家が雪で進軍を阻まれている間に畿内の敵対勢力を駆逐してゆく

清洲会議後、緒田家中の勢力は完全に2つに割れた。秀吉と勝家、双方が調略の限りを尽くして諸将を自分の陣営に引き入れようとする。しかし、勝家は「鬼柴田」の異名で知られる猛将で、戦場での働きを信条としてきた。政治や裏工作には疎いところがある。

それとは逆に秀吉の場合は「人たらし」といわれた調略上手、こういった仕事に関しては勝家よりも数段勝っていた。

秀吉はまず、美濃の有力武将たちを信孝から離間させて勢力を削ぎ、その力を弱めておいてから、天正10年（1582年）の冬になると積極的に軍事行動を開始する。勝家の本拠である北陸は雪に閉ざされ動けなくなる。その間に彼の同盟者を根絶やしにしておこうという作戦である。

12月2日には勝家の養子・柴田勝豊の長浜城を攻撃してこれを降伏させ、さらに美濃へ進軍して岐阜城の織田信孝を包囲した。すでに調略によって美濃の豪族や有力武将は秀吉の陣営にあり、弱体化していた信孝は即座に降伏している。さらに、秀吉は翌天正11年（1583年）には正月早々から伊勢に出兵。柴田勝家と提携して挙兵した滝川一益を攻めて、その有力な支城を次々に落城させて一益を追い詰める。そし

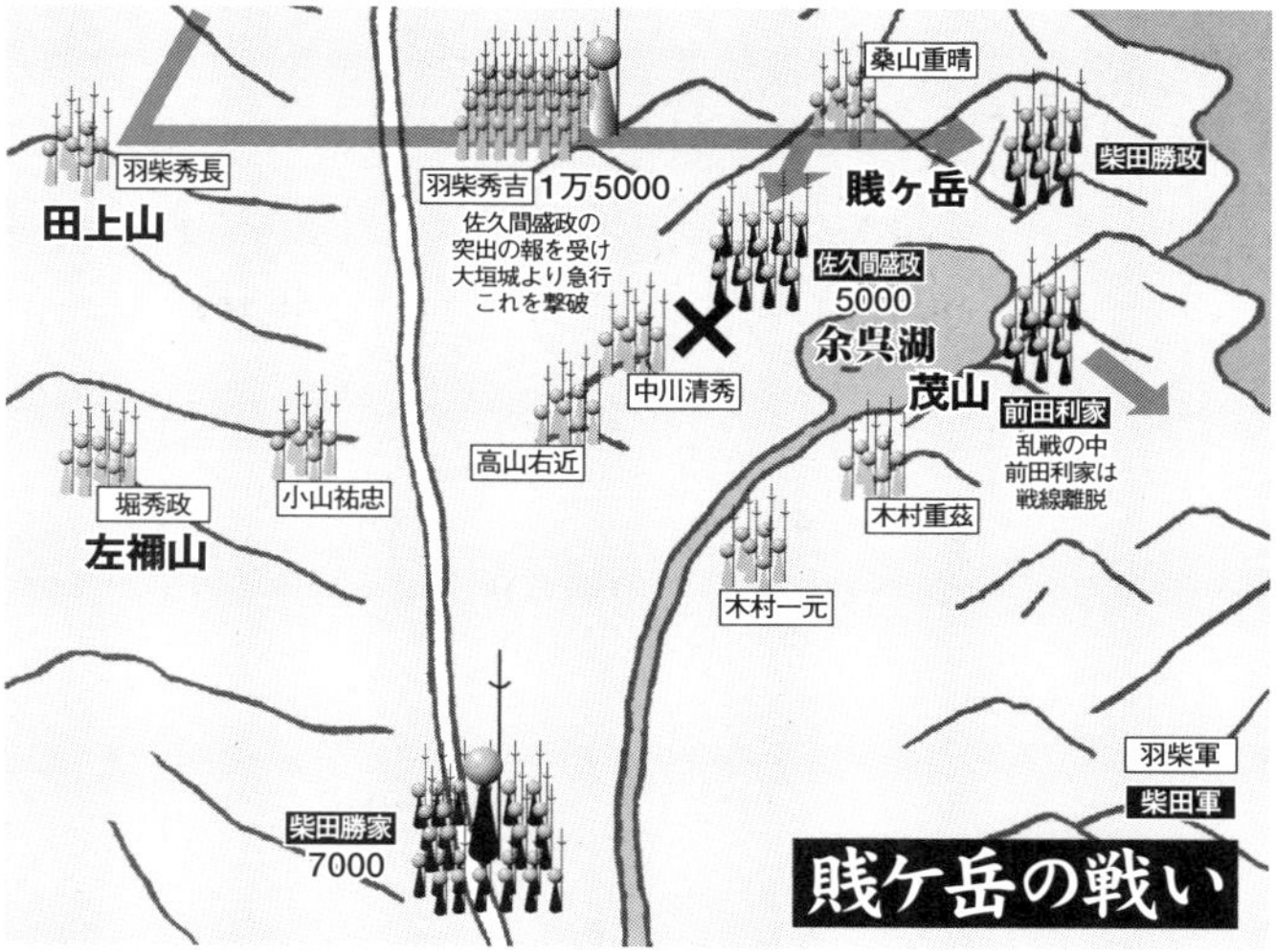

睨み合いの末、秀吉の罠にはまり佐久間盛政が奇襲をかける。しかし秀吉の大軍に取って返され、壊滅。さらに前田利家までが離脱してしまい勝負が決した

て、本拠である長島城を包囲して攻撃した。「中国大返し」を彷彿とさせる果敢で素早い軍事行動。敵が連携する間を与えずに、畿内や濃尾の敵対勢力を各個撃破してしまった。

「もはや一刻の猶予もならない！」

越前の北ノ庄城でその経過を見守っていた勝家だが、ついに耐えきれなくなって、畿内侵攻を決断する。

まだ深い雪が残る2月末に越前や能登、加賀などの諸将を招集した。北陸の深い雪を踏みしめて軍道を確保しながらの進撃だが、さすがに経験豊富な猛将である。軍事行動は手慣れたもの。その進撃速度は予想外に速かった。3月12日にはその先鋒である前田利長や佐久間盛政《もりまさ》らの部隊が、越前国と近江国の間に連なる山岳地帯を抜けて、江北の平野部を間近に臨む北国街

勝家と秀吉の間で事実上の「次期天下人候補決定戦」が行われた現在の賤ケ岳

道の柳ケ瀬に布陣している。

この時、秀吉は伊勢長島城の滝川一益を包囲しての攻城戦の真っ最中だった。

畿内の敵をすべて駆逐して、後顧の憂いを断ってから全兵力を動員して勝家と決戦するのが秀吉の戦略である。日本最大の人口密集地帯であり、肥沃な穀倉地も多く有する畿内の兵力を結集すれば、勝家が率いる北陸勢の数倍になり、兵力と経済力の差で危なげなく勝利できるはずだった。しかし、この年は北陸路の雪解けが例年より早く、また、果敢な猛将である勝家がリスクを厭わず雪解け前の早期出兵に踏み切ったことが、秀吉の戦略構想を大きく狂わせる結果となる。

「江北へ急ぎましょう。勝家の本隊が来れば長浜城も危うくなります。長島城には兵1万人を残して囲んでおいて、あとでゆっくり攻略すればいいでしょう」

秀吉の弟で羽柴軍の副将格である羽柴秀長が進言してきた。伊勢における滝川一益の支城はことごとく落として、残るはこの長島城だけ。もはや一益に秀吉を追撃する力はない。捨て置いても大丈夫と判断した。秀吉もこの意見を採用して陣を引き払い、3月19日には江北に進撃している。また、この頃には勝家も柳ヶ瀬に到着していた。

柴田陣営の陽動作戦を逆手にとって敵を誘い出す巧妙な心理戦術を駆使！

柴田軍が布陣した柳ヶ瀬は、琵琶湖の北方に位置する余呉湖に隣接した山間の小さな盆地であり、三方を山に囲まれた袋小路のような地形になっていた。攻めるにはやっかいな場所である。また、柴田軍は山上の要地に布陣して、もし羽柴軍が侵入してくれば包囲殲滅《せんめつ》できる陣形をつくっている。

兵力は柴田軍の3万に対して、羽柴軍は5万と優勢だが、この狭地へ迂闊《うかつ》に攻め込むのは危険である。また、柴田軍のほうも北国街道をさらに南下して進撃するのは難しい。兵力に勝る羽柴軍と平野部で戦う不利を悟っている。

秀吉は長期決戦を覚悟して、まず守りを固めることにした。北国街道に隣接した東野山に堀秀政が率いる5000人を布陣させ、さらに余呉湖南方の大岩山や賤ヶ岳（滋賀県木之本町）などの要所にも兵を配して、山峡部で北国街道を包囲する布陣を完成。柴田軍の江北への侵攻を警戒して、もし敵が進撃してくれば三方から攻めて殲滅する鉄壁の防御陣を構築した。また、勝家のほうも深い濠や柵を配置して堅牢な防御陣地を構築していた。さすがに百戦錬磨の2人だけに陣地の守りは完璧である。それだけに、お互い手を出しづらくなって、将棋の「千日手《※せんにちて》」のような状況に陥ってしまった。

その状況が変化したのが4月16日。秀吉に降伏していた織田信孝が再び叛旗を翻して岐阜城で挙兵した。勝家と対陣しているときだけに、秀吉も頭の痛いところである。しかし、彼はこれを好機とうけとった。もし、ここで羽柴軍が叛乱鎮圧のため岐阜へ兵を移動させれば、これを好機と柴田軍が動いてくる可能性もある。

「おそらく、信孝は勝家とあらかじめ示し合わせて挙兵したのだろう」

秀吉はこれを敵の陽動作戦と読んでいたが、あえてその策に乗ることにした。

「自分が動けば、長い膠着状態に耐えきれなくなった敵が動いてくるかもしれない」

そう期待して、全兵力の約半分にあたる2万5000人を率いて岐阜へ向かったのである。しかし、岐阜城を囲んでみたものの長雨で長良川が増水して攻められず、すぐに大垣城まで後退している。もともと岐阜城を攻め落とす気などない。大垣城から木之本までは約50キロの距離。柴田軍に動きがあれば即座に駆けつけるつもりで待機していたのだ。

陽動作戦に乗ったふりをして、逆に敵を陽動しようという高度な戦術……ついに敵はそれに食いついてきた。柴田軍のなかでも猛将として知られ「鬼玄蕃《おにげんば》」の異名をもつ佐久間盛政が、これを好機と見て大岩山にあった羽柴軍の砦を

※ 双方が同じ指し手を繰り返す状態

賎ケ岳の戦い

上司の勝家と親友の秀吉の間で揺れ動き、結局戦禍に加わらず離脱した前田利家。賎ケ岳の合戦後、秀吉に厚遇されることになる

賤ケ岳山頂にある古戦場碑には合戦の様子が刻まれている

落とすことを強硬に主張。ついに勝家も折れて、

「砦を落としたらすぐに陣へ戻ること」

という条件付きでこれを認めた。

4月19日、盛政が8000人の兵を率いて大岩山砦を攻撃したことで長い膠着状態に終止符が打たれる。その一報はすぐに大垣の秀吉にも届けられた。

「柴田軍が動いたぞ。これで勝った!」

報告をうけた秀吉の顔に喜色が浮かんだ。しかし、それは危険な賭けでもある。

敵の猛攻に対して、手薄になった居残り部隊の防衛陣地が持ちこたえられるという保証はない。秀吉の本隊が到着するまでに防御陣地を支えきれずに全滅してしまうかもしれない。そうなれば、二分された羽柴軍は各個撃破される危険があるからだ。

またもや脅威の行軍スピードが勝機を逃さず掴み取った！

佐久間盛政の攻撃は凄まじかった。平野部への出口を抑える要衝・大岩山の砦は耐えきれずに陥落し、守将の中川清秀は討死。佐久間勢は高山右近の陣にも攻撃を仕掛けて、ついに麓《ふもと》の北国街道まで攻めおりて、留守部隊の主将である羽柴秀長の陣に迫った。このまま江北の平野部に攻め入るつもりか……しかし、佐久間勢だけが突出すると危険である。勝家は再三にわたり撤収命令を出すが、若くて血気盛んな盛政はこれを拒否。敵軍に囲まれた占領地・大岩山に軍勢を置いて居座りつづけた。

「中入れの合戦は難しいぞ、盛政には無理だ。早く撤退させろ」

勝家は叫んだという。別働隊を敵陣深く進撃させて、その後方にまわり込み本隊と挟撃して殲滅する。この戦法を「中入れ」という。タイミングや状況を見誤ると、敵中に孤立して殲滅される可能性も大。猛将・勝家でも躊躇する危険度の高い作戦だ。また、勝家は長い戦場での経験から、こういった膠着状態で先に動いて陣を崩したほうが負けることをよく知っていた。そのため、早く佐久間勢を所定の位置に戻して陣立てを再構築したかった。もし、この陣形が崩れた状況で秀吉が大軍を率いて戻ってきたら、柴田軍は総崩れになる危険性がある。

一方、秀吉は北国街道を激走していた。「中国大返し」の時と同様に、兵を休ませることなく走らせて、50キロの距離を7時間で走破させる。勝家も秀吉の行軍の速さは警戒していたが、7

時間というのはケタ外れ。2万人を超える大軍の行軍スピードとしては、奇跡に近いほどの記録である。秀吉はこの行軍スピードを可能にするために、あらかじめ街道沿いに食料や水の補給所を配置して、夜道には松明《たいまつ》を設置させていたという。すべては計算づくだった。

4月20日深夜、秀吉は江北の戦場に帰ってきた。盛政は大岩山と賤ヶ岳の中間にある尾野路山で野営していたが、秀吉の大軍が帰ってきたことを知って慌てて撤退にかかる。しかし、羽柴軍もこの好機を見逃さず追撃。翌21日の未明、夜明け前の真っ暗な山中で激しい戦闘が起こった。夜が明けた頃、羽柴軍の追撃で佐久間勢の殿軍が突き崩され、敵は混乱。秀吉は即座に総攻撃を命令。本陣にあった側近の馬回り衆も突撃するほどの総力戦である。この馬回り衆には、秀吉が故郷の尾張中村より連れてきて士分にとり立てた加藤清正、福島正則らもいた。

彼らは後に「賤ヶ岳の七本槍」と呼ばれる功名をたてる。さらに、賤ヶ岳山頂付近に布陣していた丹羽長秀の軍勢も攻撃にくわわり、もはや佐久間勢は総崩れになって柴田軍の本陣へ潰走していく。

勝家は佐久間勢を収容して、羽柴軍の猛攻に持ちこたえようとしたが……混乱した前線の随所で防御網は破綻した。また、柴田軍の後衛にあった前田利家の軍勢が突然、撤退を開始した。秀吉は早くから利家となんらかの密約を交していたものと思われる。前田勢の戦線離脱を見た兵たちが浮き足だって我先に逃亡を始め、もはや柴田勢は総崩れ。勝家も本拠の越前・北ノ庄城へ落ち延びていった。

合戦MVP

羽柴秀長

地味だが欠かせない存在の弟

守勢にまわれば粘り強い戦いで、幾度も秀吉の窮地を救ってきた。秀吉にとってはじつに頼りになる弟であり、副司令官でもある。

この合戦のときも、岐阜城攻撃に向かった秀吉の留守中に、攻撃をくわえてきた佐久間盛政の軍勢に中川清秀や高山右近の隊が潰走して総崩れになる危険性があった。しかし、秀長はこの猛攻に耐え、なんとか態勢を建て直して膠着状態に持ち込み、反撃態勢を整える時間をつくった。この秀長の活躍がなければ、夜を徹した秀吉の激走も無駄に終わっていたかもしれない。

しかし、秀吉の速攻は勝家に再起の機会を与えない。勝家を追尾して越前へ侵攻、これより2日後の4月23日には北ノ庄城を包囲していた。すでに前田利家など、勝家の寄騎だった北陸の武将らも秀吉の陣営に寝返り、援軍のあてもない孤立無援の状態。もはや勝家に勝算はなく、4月24日には天守閣に火を放って、夫人のお市の方とともに自刃して果てた。

最後に残った抵抗勢力である織田信孝や滝川一益も、勝家という後盾を失って戦意が萎えたのか、すぐに降伏してきた。こうして信長の遺領は残らず秀吉が継承することになった。その石高は５００万石とも６００万石ともいわれ、この時点では随一の超大国。毛利氏も北条氏も単独ではこれに対抗できない。この一戦で、天下はほぼ秀吉の手中に転がり込んだのである。

勝敗のポイント

対陣中に岐阜城を攻めた大胆不敵な陽動作戦！

最強軍師列伝

鍋島《なべしま》直茂《なおしげ》

／天文七年（1538）―元和四年（1618）

主君…龍造寺隆信

鍋島直茂肖像（鍋島報效会蔵）

猛将をサポートした知謀の腹心
領主としても抜群の才覚を発揮した

「肥前の熊」と渾名された猛将・龍造寺隆信の家臣。龍造寺氏の急速な勢力拡張は、彼の戦略と戦術によるところが大きい。典型的な知将タイプの武将であり、勇はあっても雑なところが多分にある主君・隆信には最良の参謀だった。戦上手なだけではなく、領国統治や外交センスも抜群。沖田畷合戦で隆信が戦死した後は、遺領を継承して佐賀鍋島藩35万石の祖となっている。

沖田畷の戦い《おきたなわてのたたかい》

天正十二年（1584年）

龍造寺隆信 × 有馬・島津連合軍

島原に触手を伸ばした龍造寺隆信に危機感を募らせていた領主の有馬晴信は、島津家を頼って連合軍を結成。対決姿勢を鮮明にする！

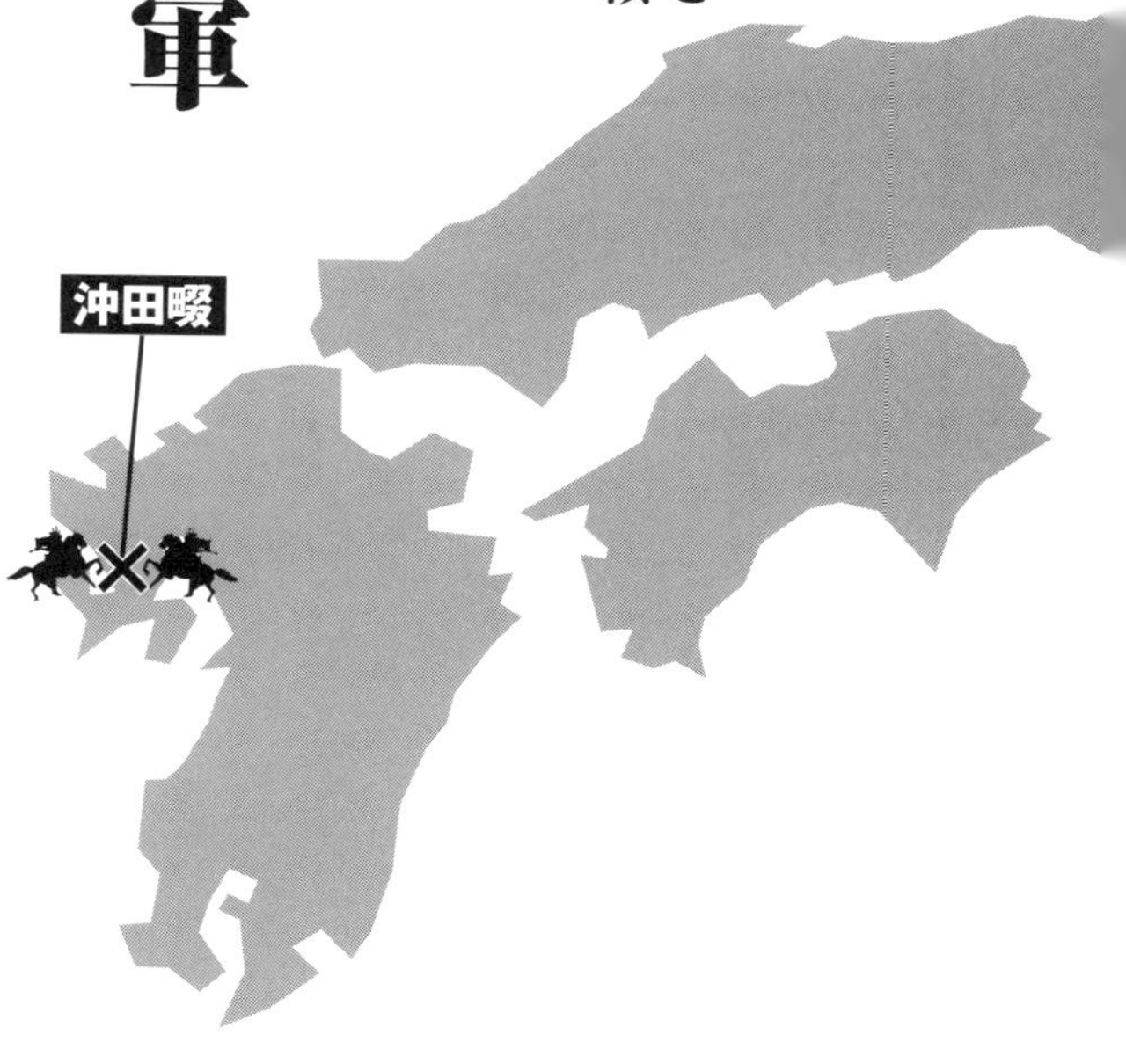

三つ巴の争いに終止符を打つ「九州最強決定戦」

三大勢力による九州の奪い合いが勃発！ 緩衝地帯である肥後の領有がその焦点に

九州の超大国である豊前の大友氏は、耳川の合戦により衰退。勝者の島津氏は薩摩、大隅、日向の南九州3カ国を完全に掌握して、大友氏に匹敵する巨大勢力に成長した。そしてもうひとつ、九州西端でも新たな勢力圏が築かれつつあった。肥前の小土豪だった龍造寺《りゅうぞうじ》氏は、「肥前の熊」と呼ばれ近隣諸侯に恐れられた、猛将・龍造寺隆信《たかのぶ》が家督を相続してから飛躍的に領土を拡大。肥沃な佐賀平野をほぼ掌握して、さらに耳川合戦後に大友氏の権威が失墜したのを見てとると、筑後や肥前など大友氏の勢力圏へ抜け目なく侵攻した。これによって九州は大友氏と島津氏、そして、龍造寺氏の勢力が互いに争う、まさしく「九州三国志」状態であった。

三者によって九州は三分割されようとしていたが、唯一、肥後だけがその境界線が曖昧《くみ》。在地の土豪や小勢力も、どちらの陣営に与するか去就を計りかねている者も多かった。

肥後は九州でも大国であり、土地は豊かで生産力も高い。大友、島津、龍造寺のうち誰がこの肥後を制するか？ 肥後を制する者こそが九州を制する。そんな状況だった。

しかし、大友氏は耳川での敗戦の痛手がまだ癒えていない。また、当主の宗麟が政治への関心をまったく失い、キリスト教に傾倒している状態では、肥後侵攻などは無理。そうなると龍造寺隆信と島津義久の争いということになる。まず隆信が、肥後侵攻への拠点として有明海の対岸にある島原の攻略に乗りだした。

両軍戦力比較表

龍造寺軍	VS	島津軍
肥前、築後など５カ国	領国	薩摩、大隅、日向の3カ国
約100万石	石高	約70万石
25,000人	動員兵力	6,000人
	装備	
	補給力	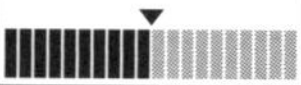
	精強度	
	士気	
主な武将：鍋島直茂、小河信俊、江上家種、後藤家信、百武賢兼、倉町信俊など	主な武将	主な武将：島津家久、伊集院忠棟、新納忠元、猿渡信光、有馬晴信（同盟者）、島津忠長など
龍造寺隆信  十二日足	総大将の家紋	有馬晴信  五瓜に唐花 島津義久  丸に十字
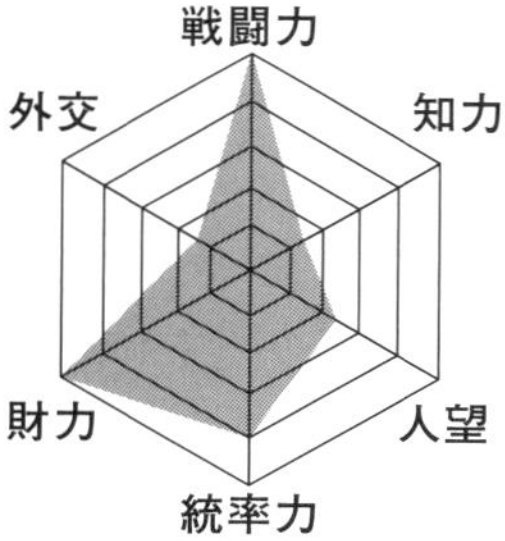	総大将の能力値	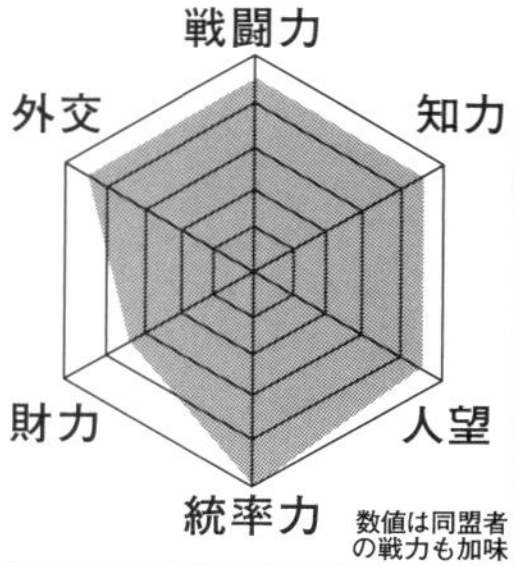 数値は同盟者の戦力も加味
とにかく戦闘には無類の強さを発揮した。九州最強の鉄砲隊を組織したあたりも、先見の明がある。しかし、その手法は強引で敵をつくりやすい。また、出自も怪しいために、怖がられても尊敬の対象にはなれない。外交政策などでも思慮の足りない部分もあり、それが最後は墓穴を掘った。	備考	島津義久は仇敵の大友氏と和平を締結、この大友氏をけしかけて龍造寺氏の背後を攻撃させようとするなど、その外交戦術はみごと。また、実戦での戦闘指揮は弟の義弘や家久などにまかせて、自らは後方支援と調略・外交などに徹する。この「兄弟による役割分担」が島津氏の強さの秘密でもあった。

沖田畷の戦い

龍造寺隆信は島原に上陸すると島原城付近の沖田畷で対陣した（写真は島原城）

龍造寺は2万5000人の大軍で島原半島の制圧に向かう！

島原の領主である有馬晴信《ありまはるのぶ》は、もともと龍造寺氏とは姻戚関係にある。外交戦術を駆使すれば、有馬氏を肥後攻略の先兵として活用することもできたはずだが……戦上手な隆信ではあるが、外交的センスはゼロ。どんな相手も力ずくで屈服させることしか考えていない。実際、彼はそれが可能な戦力を保有していた。動員兵力では大友氏や島津氏とほぼ互角だが、鉄砲を大量保有して九州でも最強の火力部隊をもっているのが強味。日々、圧力を強めて島原へ迫ってくる龍造寺氏の勢力に対して、ついに晴信は島津氏の陣営になびいた。

同じ服従するなら、隆信よりは義久のほうがマシと考えたのだろう。屈強で命知らずな戦いぶりで知られる島津だが、その反面、外交や調略にもなかなか長けていた。おそらく晴信を懐柔するために水面下で動いていたものと思われる。この動きに対して隆信は、やはり力づくで対処しようとする。天正12年（1584年）3月、2万5000人の大軍を率いて島原へ侵攻。晴信の本拠である日野江城に迫っていた。

日野江城危うしの報をうけて、島津義久も末弟の家久を救援に向かわせた。しかし、急な招集に応じてきた兵は3000人と少ない。しかし、悠長に兵が集まるのを待っていたら日野江城は落城してしまうだろう。

島原へ到着した家久は、有馬晴信の軍勢と合流した。それでも総勢はたったの6000人、龍造寺軍の4分の1程度でしかなかった。

三方からの集中射撃で大軍を殲滅！沖田畷は龍造寺軍将兵の血で染まる

「まともに戦っては、絶対に勝てない」

そう判断した家久は、龍造寺軍を日野江城の前方にある沖田畷《おきたなわて》（長崎県島原市）に誘い込む策を考えた。沖田畷は有明海沿いの湿地帯である。軍勢が進めるのは湿地の中にある一本の細い道だけ。道を踏み外すと、腰まで沈む深い泥沼で兵も馬も動けなくなってしまう。寡兵が大軍を迎撃するには最適な立地条件だ。

島津・有馬連合軍はここに柵をめぐらし防御陣を構築。龍造寺軍を待った。一方、隆信は寡兵の島津・有馬連合軍は日野江城に篭城すると決めてかかり、斥候を出すこともなく進軍をつづけ、沖田畷に入ってきた。すると湿地帯の狭い道の向こうから、こちらへ向かってくる島津の兵が見えた。

「敵だ！　かかれ！」

大将の隆信に似て、龍造寺軍の兵もまた勇猛である。敵の姿をみつけると即座に突進を開始する。敵は少勢、龍造寺軍の突撃に驚いたように逃走を開始した。それを見た龍造寺軍は、猟犬が傷ついた獲物を追いかけるように必死で追走して、湿地帯に延る道の奥深くまで入ってゆく。その時、パン、パン、パン！　と、道の左右から猛烈な射撃、さらには弓矢が雨あられのごとく降り注いでくる。島津軍は湿地帯の両側に、あらかじめ兵を伏せていたのだ。

また、逃げていた島津兵も反転して射撃を開始した。これも島津軍のお家芸である釣り野伏せり戦法。湿地帯を利用して飛び道具を使った変則バージョンである。耳川の合戦などで、すでに島津軍の釣り野伏せり戦法も有名になっている。もちろん、龍造寺軍も知っていて警戒していたはずではある。しかし、いくら警戒しようとも、相手は魅入られたようにその術中にハマってしまう……これが必殺技の必殺技たる所以だろう。島津軍の側でも、釣り野伏せり戦法の完成度を高めるために、仕掛けのタイミングなどについては策を練り、また、兵たちは猛訓練を重ねている。耳川合戦の頃よりもさらにこの必殺技は進化していた。

釣り野伏せり戦法により三方から銃撃された龍造寺軍の被害は甚大。後方からは続々と味方が押し寄せてきて後退もできず、動けない標的に対して銃弾や矢は面白いように命中する。このとき、総大将の隆信は後方にいて、まだ状況

合戦MVP

島津家久

知勇バランスがとれた名将

耳川に続き、またまた家久が合戦ＭＶＰを受賞。寡兵をもって大軍に勝利して敵将の首を獲る。まるで、桶狭間合戦の織田信長を彷彿させる鮮やかな勝利は、その実力を証明した戦いでもあった。

並の武将なら島津軍が大軍を動員できるまで篭城するところを、沖田畷という絶好の戦地を選んで敵の殲滅を計るあたり、やはりタダモノではない。この後、豊臣秀吉の九州征伐の際も、家久は軍勢を率いて長宗我部信親や十河存保の首を獲り、敗軍のなかにあっても見事な活躍をみせている。

を把握できずにいた。

「いったいどうなってるんだ⁉」

混乱する前線の様子を見ようと前進したところで、湿地に潜んでいた島津兵の銃弾が隆信に命中。あえなく戦死してしまう。総大将の戦死で龍造寺軍の混乱はさらに酷くなり、知将として知られる参謀格の鍋島直茂《なべしまなおしげ》も打つ手なく、

「このままでは全滅してしまう！」

と、全軍に退却を命じた。

寡兵の島津・有馬連合軍が4倍の兵力を誇る龍造寺軍に圧勝。これで龍造寺氏の肥後進出は頓挫してしまう。それどころか、当主の隆信を失ってその勢いは急速に衰えた。もはや龍造寺も大友も敵ではない。島津氏は九州統一に向けて邁進する。しかし、その夢は豊臣秀吉の九州征伐で頓挫してしまうのだが……。

勝敗のポイント

兵力差を恐れず出兵して「寡兵で勝てる戦い」を実践した度胸と頭脳

ザ・切腹

～城兵のために己の命を絶った男たち～

清水宗治

Shimizu Muneharu

天文六年（1537年）～天正十年（1582年）
享年46歳

戦国時代で一番美しい湖上の切腹シーン

　清水家はもともと備中の豪族である三村氏の家臣だったが、隣国の梟雄《きょうゆう》・宇喜多直家によって主君の三村宗親を毒殺されてしまう。その後、毛利氏が備中を直接支配するようになると、国内随一の要衝である高松城は三村氏の旧臣である清水宗治にまかせられた。

　備中方面の統治を担当した小早川隆景は、宗治の力量と律義な人柄を見抜いて彼を信頼したのである。謀略好きな父の元就、激しい気性をもつ兄の吉川元春と比べ、隆景は温厚な人格者として知られ、とくに毛利に臣従する諸豪族からは慕われ、人望があった。宗治もまた隆景の人柄に惚れたひとりだろう。毛利氏に従うようになってからは忠誠心厚く滅私奉公をつづけて、隆景や毛利氏当主の輝元からも信頼されたという。

　そして、毛利氏が織田信長と争い、備中の宇喜多氏が毛利を裏切って織田陣営に走ると、宗治が守る備中高松城は最前線の基地となった。そのため城の防備も強化される。もともと広い湿地帯の中にあり、泥田などを天然の外堀とする要害である。そう簡単に落城しないはず……だったのだが、天正10年（1582年）備中に攻めてきた織田軍の司令官・羽柴秀吉は、周辺を堰堤で囲み、城を水没させようという奇想天外な作戦を実行してきた。城内には水があふれ、貯蔵した食料も水浸し。苦しい篭城で落城寸前に追い込まれている。秀吉は降伏すれば宗治に備中一国を与えるという好条件を出してきたが、彼はそれを拒絶した。そして本能寺の変が起き、一刻も早く撤退したい秀吉は、好条件での講和を提案してきた。城主の宗治が切腹すれば城兵は助命されるし、毛利攻めも中止するという。宗治は、

「こんな時に一命を投げ打ち、名を後世に残すことこそ、武士の本懐である」

と、この条件を快諾した。そして月夜の晩、城から白装束を着た宗治を乗せた舟が漕ぎだして、月明かりの下で彼はみごとに腹を切って果てた。城を包囲する秀吉の本陣からもはっきりと見てとれた。秀吉は、後に小早川隆景と会談した時に、

「清水宗治こそが、武士の鑑であった」

と、絶賛した。その名を高松城の苔に残したい……辞世の句にはこう詠まれていたが、城の苔どころか、天下人によって多くの武将たちに語られ、武士の模範として崇められるようになった。

また、秀吉は宗治の息子・源三郎を大名に取り立てようとしたが、

「父の節目もあり、このまま毛利家に奉公します」

源三郎はこの好条件を断っている。

さすがはあの清水宗治の息子だと、世間は絶賛したという。

清水宗治像（備中高松城址公園資料館蔵）

浮世をば　今こそ渡れ武士の　名を高松の　苔に残して

清水宗治　辞世の句

10万人対3万人、圧倒的不利な家康が秀吉に挑む！

徳川家康×羽柴秀吉

09

戦国十大合戦

小牧《こまき》・長久手《ながくて》の戦い

天正十二年（1584年）

天下統一を目前にした秀吉の前に、野戦最強軍団を率いた東海道の覇者家康が立ちはだかり、両雄は濃尾の大平野で対陣した。

最大の抵抗勢力である徳川家康と雌雄を決するために秀吉は尾張へ侵攻

賤ヶ岳の戦いに勝利した羽柴秀吉は事実上の信長の後継者となり、その広大な遺領を手中にした。その後も多くの大名が恭順してきて、支配領域は信長時代よりさらに拡がっている。権勢の象徴でもある「三国無双の大城」と世間を驚かせた大坂城も完成し、天下統一もいよいよ近いことを感じさせる。

だが、この時期になって賤ヶ岳合戦では秀吉と提携していた信長の次男・織田信雄《のぶかつ》が叛旗を翻す。織田家の家臣だった秀吉に臣従することはプライドが許さない。そのため大坂城への参上を拒否し、秀吉に懐柔されたと噂されていた津川義冬、岡田重孝、浅井長時といった3人の家老を処刑するなど対決姿勢を露わにする。その信雄に、かつて信長の同盟者だった徳川家康が接近した。

家康は秀吉と勝家の争いで中央が乱れている隙に、抜け目なく信濃と甲斐へ侵攻して版図を拡げ、いまでは5カ国を領有する太守となっている。また信雄も伊勢や尾張といった大国を領有しており、ふたりが同盟すれば強大な秀吉の力にも対抗できる。表向きは信雄と秀吉の戦い。家康は信雄の要請でこれに助力するといった形だった。しかし、勢力でも能力や経験値でも、信雄に数段勝る徳川家康こそが、この戦いの真の盟主である。秀吉も将来的にやっかいな敵となりそうな家康を、この際、信雄と一緒に葬ってしまおうと考えた。

家康と信雄の陣営は、紀伊半島の雑賀《さいか》衆や根《ね》

両軍戦力比較表

	徳川軍	VS	羽柴軍	
	三河、遠江など5カ国	領国	摂津、播磨など20カ国	
主な武将	約125万石	石高	約600万石	主な武将
井伊直政、榊原康政、本多忠勝、酒井忠次、奥平信昌、織田信雄（同盟者）など	30,000人	動員兵力	100,000人	羽柴秀長、羽柴秀次、堀秀政、池田恒興、池田元助など
		装備		
		補給力		
		精強度	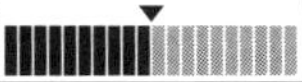	
		士気		
	徳川家康		羽柴秀吉	
	 三つ葉葵	総大将の家紋	 五七の桐	
	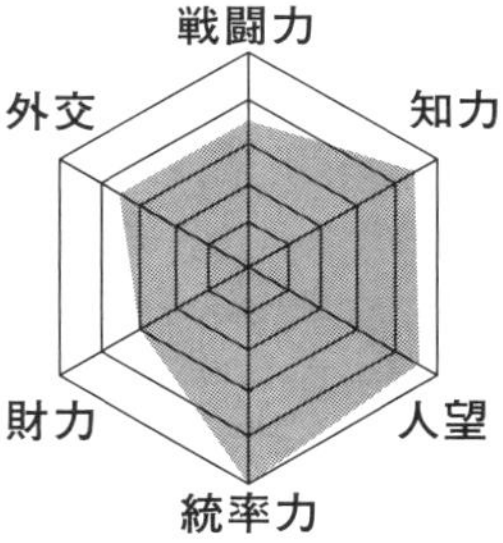	総大将の能力値	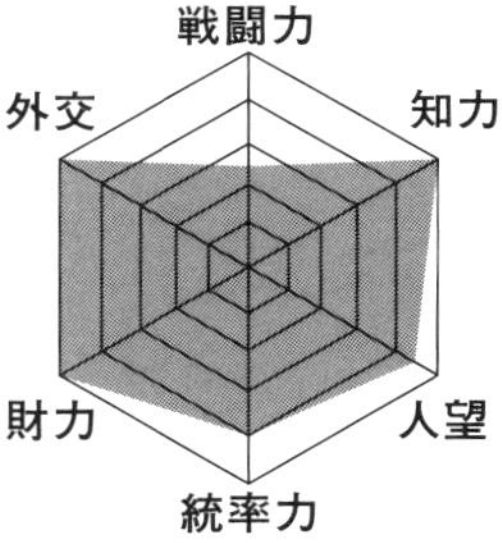	
	のちに「狸オヤジ」とか呼ばれ、調略の使い手となる家康だが、この頃はまだ秀吉のほうが上手だった。戦闘には自信があったのだろうが、それゆえ外交や調略への注意力が散漫になっていたのかもしれない。その結果、信雄の裏切りともいうべき秀吉との単独講和を許してしまう。	備考	秀吉の知力が最も充実した時期。「天下人」として確実視され、人望や統率力もさらに高まっている。しかし、成り上がり者だけに最も頼りにした親族衆や血縁者に優秀なブレーンや武将が少なく、秀次のような凡将でも縁者として指揮官に抜擢せねばならぬハンデがあった。	

来衆《ごろ》、北陸の佐々成政《さっさなりまさ》、四国の長宗我部元親《ちょうそかべもとちか》といった秀吉の抵抗勢力と共謀して、四方から秀吉を牽制する、かつての信長包囲網ならぬ「秀吉包囲網」をつくった。これに対して、秀吉も越後の上杉景勝などと提携し、この包囲網をさらに囲んで挟撃する態勢をつくる。外交や謀略を駆使しての緒戦はすでに始まっていた。

とくに秀吉と家康の勢力圏の境にあった美濃と尾張では、地元の諸勢力を自陣営に引き入れるため、両者による調略がさかんにおこなわれていた。そして織田家譜代の家臣で信雄が最も頼りにしていた池田恒興も、秀吉に寝返り犬山城を占拠して、ここに秀吉方の軍勢を引き入れている。犬山城は美濃との国境、木曽川河畔にある要衝で、尾張や三河方面へ進撃するには格好の軍事基地となる。「人たらし」なる渾名をもつ秀吉は、人の心の機微を読んで巧みに懐柔してくる。調略に関しては、やはり、家康よりもひとまわり上手の感がある。

犬山城という拠点を得た羽柴陣営は、さっそくここに軍勢を集めて侵攻の準備を始めていた。このまま尾張を奪ってしまえば、家康と信雄の連絡も遮断されて窮地に陥ってしまうだろう。

家康もこれに対抗するため天正12年（1584年）、3月13日に軍勢を率いて尾張へ進撃した。この時、羽柴軍の先鋒としてすでに犬山城に入っていた森長可《ながよし》は、さらに尾張北部の要衝である小牧山を占拠しようと軍勢を動かす。これを素早く察知した家康は、酒井忠次と榊原康政《さかきばらやすまさ》に5000人の兵を与えて長可の部隊を攻撃させる。調略では秀吉の好き放題にやられてしまったが、戦闘となればやはり徳川勢は強い。局地

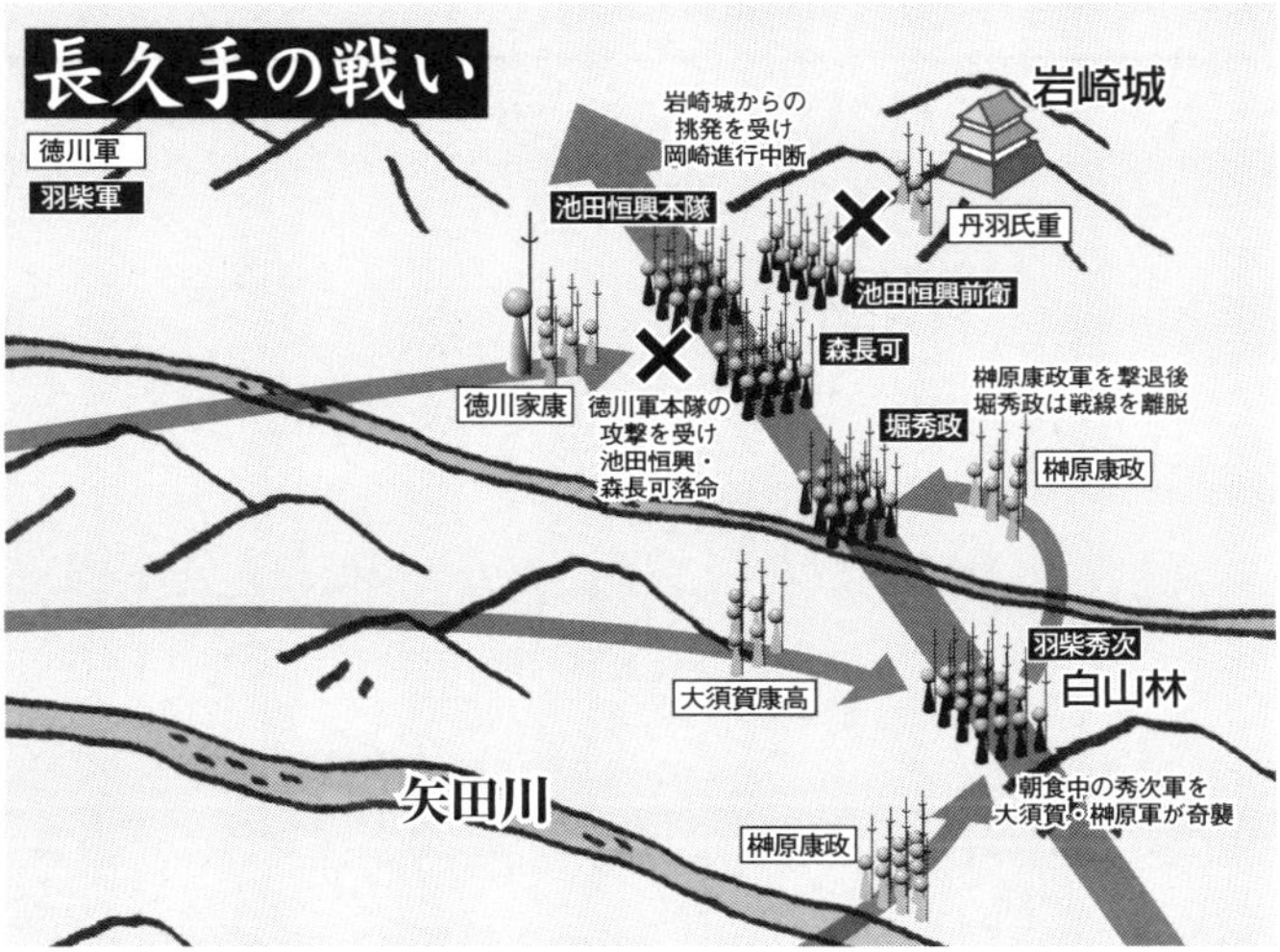

寡兵を補うため家康がとった作戦は各個撃破。まず池田、森隊を撃破すると、その後も迅速に行動。そのスピードはあの秀吉がついていけないほどだった

的な野戦となれば、脆弱な畿内の兵を中心とした羽柴軍と、精強な三河や甲斐の兵で編成される徳川軍との差は歴然となる。

3月17日早朝、徳川勢の奇襲攻撃をうけて長可の軍勢は潰走。家康は小牧山に入ってこれを逆に占拠した。

家康は小牧山に鉄壁の防御陣地を構築 10万人の大軍もこれを攻めあぐねた！

小牧山（愛知県小牧市）は濃尾平野の中央部に位置して、犬山城を牽制したり木曽川を渡って美濃方面へ侵攻するにも絶好の場所にある。この戦略性に眼をつけ、かつて信長も岐阜を本拠とする前、ここに居城を築いたこともある。その後は廃城となったが、土塁や空堀などはそのまま残っていた。家康はそれに手をくわえて

2大巨頭が激突した長久手古戦場跡の碑（愛知県長久手町）

強固な防御陣を築く。そして、ここを本陣として周辺や所領の三河へ通じる街道沿いなど数カ所に砦をつくり兵を配置。尾張の要所を押さえて防御を固め、長期戦で臨む態勢をつくる。幸い、本拠の三河や遠江も近く、兵站《へいたん》の確保は容易である。逆に、戦いが長引けば、畿内からやってくる秀吉は長い兵站線を確保するのにも苦労するだろう。また、雑賀衆などの敵対勢力に後方から大坂城を攻められる危険性もある。そこに勝機を見いだそうとしたのだ。

一方、秀吉も周辺の敵対勢力に対処するよう畿内に兵を配置して、周辺への充分な備えを構築。3月28日になってやっと軍勢を率い戦場へ到着した。

また、その翌日には北伊勢より織田信雄が小牧山に着陣、これで両軍の主力が集まった。その数は羽柴軍の10万人に対して、家康のほうは3万人である。やはり、数のうえでは勝負にならない。そのため家康は当初の計画通り、小牧山を中心とする陣地をさらに固めて防御に専念した。

古来から、戦いにおいて堅牢な陣地に篭って守りに専念する敵に対して、これを攻撃して勝利するには守備側の3倍の兵力が必要だといわれる。それからすれば、この兵力差はじつに微妙である。秀吉にとっても勝利を楽観できるほど、圧倒的な差ではない。

こうなると秀吉のほうでも長期戦を覚悟するしかない。小牧山から5～6キロほど離れた楽《がく》田《でん》に本陣を設置して、さらにその本陣を中心にいくつかの砦を築いて小牧山を北東側から包囲する態勢をとった。

そして双方が堅牢な防御陣地に篭り、睨み合いの対陣がつづく。挑発や小競り合いが繰り返されるだけで、家康の思惑通り戦況は膠着した。こういった状況では、我慢ができずに先に動いた方が大概は失敗するのだが……。

長期戦に焦れた秀吉の危険な賭け「三河奇襲作戦」が発動される!

この時、先に動いたのは羽柴軍のほうだった。池田恒興が小牧山に篭る家康の主力を迂回してその後方に回りこみ、徳川の本領である三河へ侵攻して岡崎城を攻撃するという大胆な作戦を提案してきたのである。岡崎城を奪われては、小牧山への兵站線も寸断されて家康も長期戦をしのぐことが困難になってくる。敵地深くに部隊を潜入させる危険な作戦ではあるが、うまくいけば状況を打開できるはず。長引く対陣に焦れていた秀吉もこれを了承して、さっそく作戦実行部隊を編成した。作戦の立案者である池田恒興が6000人を率いて先鋒となり、これに第2陣の森長可勢3000人、第3陣の堀秀政勢3000人とつづき、総大将に指名された秀吉の甥である羽柴（三好）秀次が8000人を率いて最後尾につく。この総勢2万人の別働隊は、4月6日夜に楽田の本陣を出撃した。

しかし、尾張は家康と共に戦っている同盟者である織田信雄の領地であり、近隣の農民にも心情的に信雄や家康に味方する者は多い。また、家康は周辺に大勢の間諜を配してもいた。そんな土地を2万人もの大軍が行動を秘匿して動けるものではない。翌日には羽柴軍別働隊の動きは家康の知るところとなる。

4月9日、家康は羽柴軍を追撃するべく、すぐに1万人の軍勢を率いて小牧山を出撃した。このとき、羽柴軍の池田恒興と堀秀政の部隊は、尾張と三河の国境近くにあった岩崎城を攻撃していた。

岩崎城は平地にある小城である。しかも、城主の丹羽氏次《にわうじつぐ》は家康に従って小牧山へ出陣していたために、城内にはわずかの守備兵しかいない。落城させるのは簡単だが、羽柴軍の目的はあくまで三河の岡崎城にある。家康の虚を衝いて敵の拠点を落とそうという奇襲作戦なだけに、すべては時間との勝負。小牧山の敵主力が追撃してくるまえに岡崎城を奪わねばならない。岩崎城に篭る寡兵に羽柴軍を追撃してくる力はなく、捨て置いても脅威にはならない。こんな小城は無視して先を急ぐべきだったのだが……し

小牧・長久手の戦い

家康の迅速な進軍と怒濤の攻撃のまえに「鬼武蔵」の異名をもつ森長可も眉間を撃ち抜かれて絶命している。まだ23歳だった

徳川勢の猛攻で戦死した清州会議・四宿老のひとり池田恒興の供養墓

かし、通説によれば、城から挑発のため出撃してきた城兵が銃を撃ったところ、これが指揮官の池田恒興が乗っていた馬にみごと命中。落馬して恥をかかされた恒興が激怒して、岩崎城の攻略を命じたのだとか。

恒興は激しい力押しで、この小城をわずか3〜4時間で陥落させている。しかし、この数時間のロスが墓穴を掘る結果となった。

「野戦最強軍団」が真価を発揮 徳川勢の猛攻に羽柴勢は総崩れ！

先鋒の池田恒興らが岩崎城を攻めているとき、羽柴秀次が率いる8000人の本隊は、そこから5〜6キロほど後方にある白山林という森林地帯で待機していた。堀秀政の部隊もそれよりわずか前方で同じく待機しながら、岩崎城の落城を待った。秀吉の甥である秀次をできるだけ危険な戦場には出さないという配慮が働いたのだろう。秀吉が恒興の策を採用したのも、後継者である秀次を大将に据えて手柄を立てさせたいという思惑も働いていた。

しかし、戦場での経験に乏しく武将としての資質にも問題があるとされた秀次に、大軍の総大将という役目は重すぎた。安全な後方にいるという安心感が、彼の注意力を散漫にした。今いるのは敵地の真っ直中であり、背後の小牧山から徳川軍の追撃も予想される状況。もっと周辺の索敵や偵察を厳重にやっておくべきだった。この時点で小牧山から出撃した徳川軍1万人は、すぐ間近に迫っていたのだから。

家康は周辺の農民や間諜からの報告で、羽柴軍各部隊の位置を正確に把握していた。まずは白山林でのんびり休息していた秀次の部隊が血祭りにあげられる。いきなり森の中に怒号と軍馬の蹄の音が響く。後方と側面から榊原康政らの部隊が殺到してきた。兵力的にはほぼ互角、しかし、完全な奇襲攻撃。しかも、徳川家中きっての猛将である百戦錬磨の榊原康政と秀次とでは、指揮官としてのレベルの差は歴然。

敵襲に慌てた秀次は、自分の馬を失い、供回りの者の馬を借りて逃走していった。彼が率いた本隊も、もはや軍としての体を成していない。完全に壊滅して兵たちは四散しながら逃走していった。

秀次勢の危機を知った堀秀政は、その敗残兵を収容して応戦する。かつて織田信長にも一目おかれた戦上手の秀政だけに、今度は徳川勢もそう簡単に崩せない。しかし、堀勢は3000

人の寡兵である。

「戦況は圧倒的に不利。退却するぞ」

戦上手なだけに、的確に状況を分析して冷静な決断もできる。この見事な退却で、彼の部隊だけは壊滅を免れた。

しかし、惨めなのは最前線に取り残された池田恒興と森長可の部隊である。やっとのことで岩崎城を陥落させて「やれやれ」と、疲労困憊している将兵は、徳川軍の接近と秀次本隊の壊滅を知って浮き足立った。大慌てで撤退準備をしているところに、徳川家康が直卒してきた精鋭9000人が襲いかかってきた。兵力的には同等、しかし、戦いには勢いというものがある。また、池田勢や森勢の主力は弱兵で知られる尾張兵。それに対して、もともと三河兵は強い。さらに、この頃は信玄の甲州軍団を吸収して「野戦では最強」の定評が徳川軍にはあった。

2時間の激闘で羽柴軍は壊滅して逃亡。池田恒興、森長可の両将も戦死した。

際立つ家康の戦上手ぶりしかし、真の勝利者は…?

またしても局地戦は家康の勝利に終わった。しかし、秀吉の大軍は尾張に居座ったまま。お互い主力決戦には至らず小競り合いがつづくが、家康が清洲城まで引いたのを知り、秀吉は5月に大坂へ撤兵した。結局、今回の戦い家康の戦判定勝ちといったところだが、決着はついておらず、戦いはさらにつづくはずだった。

しかし、秀吉はこの後、水軍を使って信雄の本領である伊勢を攻めて彼を動揺させる。そして、得意の外交戦術と調略を駆使して、信雄を

勝敗のポイント

敵の作戦を素早く察知した徳川方の綿密な索敵網

合戦MVP

本多忠勝

500人で大軍を翻弄！

局地戦と小競り合いに終始して、どちらも決定的な勝利をつかむには至らなかった戦い。それだけに最高殊勲選手を選ぶのは難しいが、しいてあげるなら本多忠勝だろうか。猛者揃いの徳川家中でも、随一の豪傑。わずか500人の軍勢で、秀吉が直卒する3万8000人の大軍を牽制しながら、その動きを封じた戦いぶりはみごと。忠勝の度胸満点の攻撃と巧みな用兵に翻弄された秀吉も、

「あれこそ東国一の武者よ」

と、脱帽。味方の軍勢の士気も彼の活躍ぶりでおおいに盛り上がったという。

屈服させて単独講和を結ぶ。もともと家康の出兵は、信雄の要請に従ってこれを救援したもの……大義名分を失っては戦えない。また、家康が単独で戦うには秀吉の勢力はあまりに強大すぎる。この後、信雄は伊勢半国などを割譲させられ骨抜きにされる。さらに紀州の雑賀衆や四国の長宗我部氏も秀吉に攻められ屈服。秀吉包囲網は寸断されてしまう。戦場では秀吉を圧倒した家康の戦上手ぶりも、外交や調略といったところでは秀吉に敵わない・小牧。長久手での戦術的勝利では、秀吉の天下統一の大戦略を挫《くじ》くことはできず、やがて家康も屈服して秀吉の臣下となる。東海道を支配する難敵・家康の恭順で、関東や東北への侵攻ルートが確保された。これによって秀吉の天下獲りも秒読み段階へと入ってゆく。

最強軍師列伝

片倉景綱

かたくら　かげつな／弘治三年（1557）－元和元年（1615）

主君…伊達政宗

片倉小十郎景綱像（仙台市博物館蔵）

知謀はもちろん忠誠心も家中随一
独眼竜・伊達政宗が最も信頼した男

伊達政宗が9歳の時に近侍として仕え、家臣というよりは血肉を分けた兄弟のように心が通い合っていたという。政宗が最も相談しやすい人物であり、彼の助言だけは素直に聞いた。それだけに軍師には最適な立場ともいえる。摺上原の戦いの勝因となった猪苗代盛国の調略、豊臣秀吉に対して非戦論を力説して伊達家の滅亡を回避するなど、調略や外交能力にも優れた知将だった。

激突！　戦国の名勝負

南下政策で急速に力をつけた伊達政宗は、奥州統一の夢を賭けて、最強の大名である蘆名氏に挑戦状を叩きつけた！

伊達政宗 × 蘆名義広

天正十七年（1589年）

すりあげはらのたたかい

摺上原の戦い

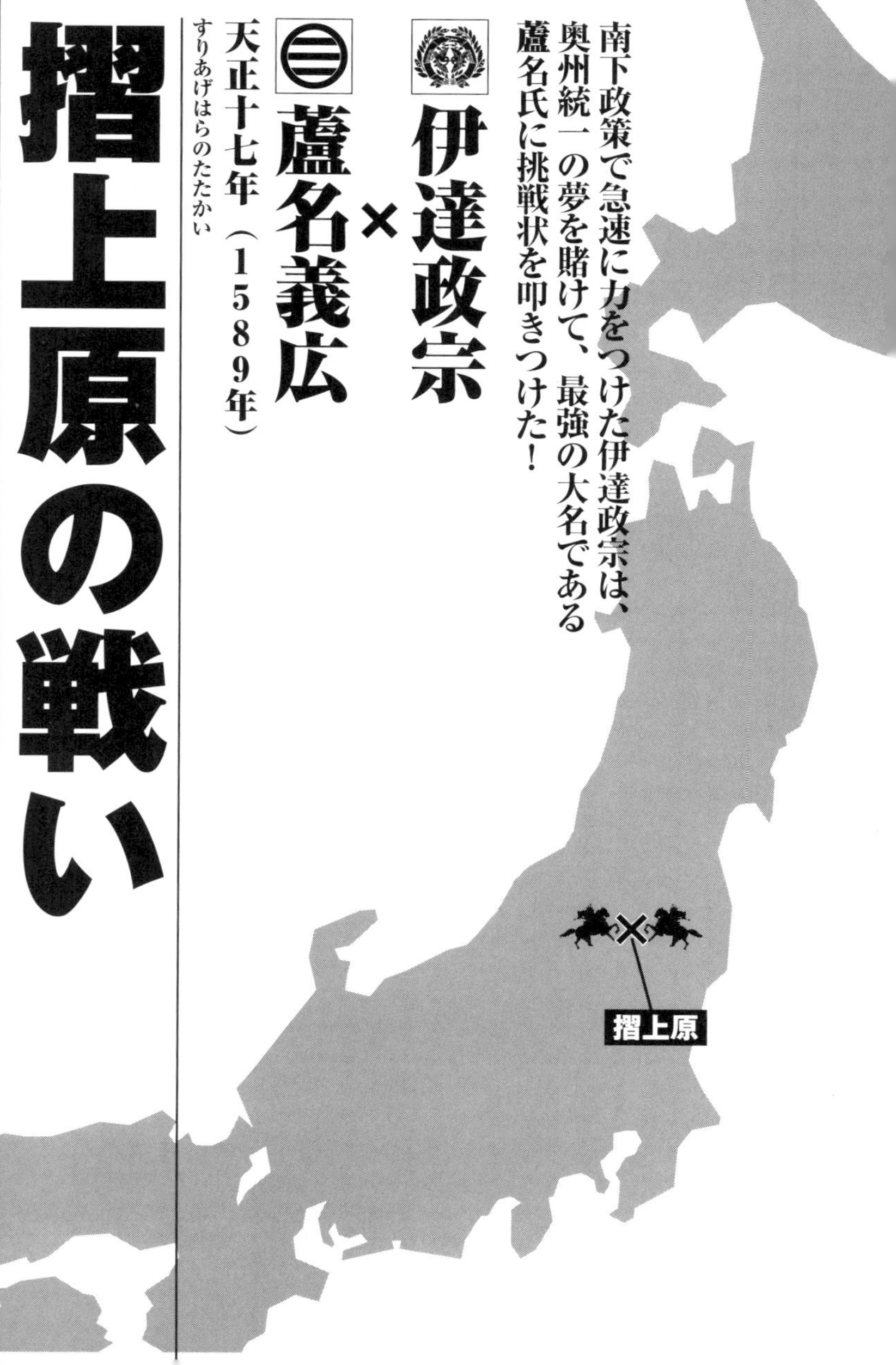

蘆名と伊達が「奥州の覇権」を賭けて大激突！

南下政策をつづける政宗の前に奥州最強の蘆名氏が立ちはだかる！

伊達《だて》家は、天正12年（1584年）政宗《まさむね》が当主となった頃から、積極的な拡張政策をとるようになった。政宗は仙道地方（現在の福島県中通り）の大平野へ侵攻して、勢力圏をしだいに南へ拡げるが、伊達氏に圧迫された小勢力は蘆《あし》名《な》氏を頼り、これに対抗した。

蘆名氏は大穀倉地帯の会津盆地を本拠として、奥州でも随一の勢力を誇る大名。奥州の盟主を自負する家柄で、新興の伊達氏との力の差も歴然としていた。また、蘆名氏は常陸一国を支配する佐竹氏とも同盟関係にある。政宗の南下政策を警戒する蘆名・佐竹同盟と南奥州の小大名たちは、3万人の大連合軍を結成して天正13年（1585年）人取り橋で伊達の軍勢を迎え撃った。伊達軍は8000人の寡兵、圧倒的な兵力を誇る連合軍に押されて後退した。しかし、潰走までには至らず、なおもしぶとく睨み合っている。

「伊達政宗恐るべし」

大軍と対峙しつづける屈強な伊達軍団と政宗の南下への執念に、連合軍の諸将は怯えた。戦いには敗れたが、このときに植えつけておいた恐怖が後々に効いてくる。

本拠の米沢城に撤退した政宗は、その後も神出鬼没の出兵と調略、剛柔を巧みに使い分けた戦略で、連合軍の切り崩しを図る。要衝の二本松城を攻略して、政宗は再び南下の圧力を強めていった。この頃より諸勢力にも伊達の陣営に寝返る勢力も増え、強大な反伊達連合軍にもほころびが見えてきた。

両軍戦力比較表

伊達軍		VS	蘆名軍	
伊達郡など奥州の７郡		領国	会津4郡など奥州南部の各郡	
主な武将	25〜30万石	石高	30〜40万石	主な武将
猪苗代盛国、片倉景綱、浜田景隆、片平親綱、大内定綱、白石宗実、伊達成実など	21,000人	動員兵力	18,000人	猪苗代盛胤、富田隆実、金上盛備、佐瀬種常など
		装備		
	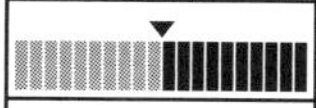	補給力		
		精強度	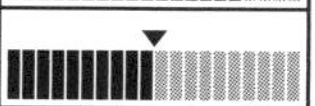	
		士気	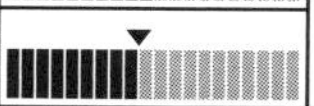	
伊達政宗			葦名義広	
 二羽飛雀		総大将の家紋	 三つ引両	
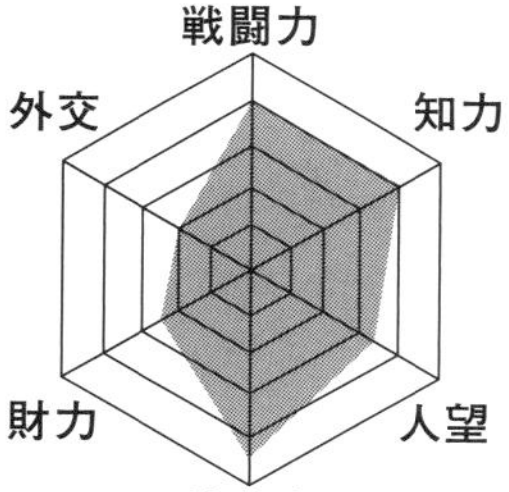		総大将の能力値	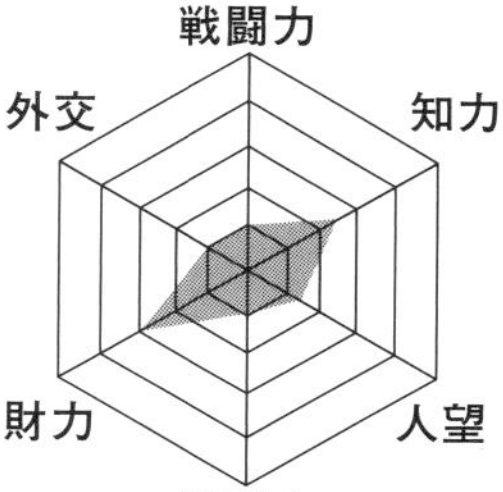	
家臣からの人望は厚く統率力もある。調略、戦略面での才能はさすがと思わせるが、しかし、強引な手法は敵をつくりやすい。また、後に秀吉の怒りをかって立場を危うくするあたり、外交では配慮を欠く面も……。		備考	まだ弱冠15歳の少年に、統率力や外交的手腕を期待するほうが無理というもの。また、佐竹氏が政略結婚により、無理やり送り込んできた当主だけに、家臣からの人望も得られるわけがない。	

主君・蘆名義広を救うため戦死した家臣3名の忠誠ぶりを伝える「三忠碑」

磐梯山麓の摺上原に両軍が出陣 奥州の覇権を賭けた一大決戦が始まる

そして、政宗は会津盆地への入口にあたる戦略的要地にあたる猪苗代城の城主・猪苗代盛国《いなわしろもりくに》を味方に引き入れることに成功。会津盆地への道を確保した。

「寝返る者が増えた。今なら勝てるぞ」

政宗は勝機を逃すまいと軍勢を率いて猪苗代城に入った。その数2万1000人。4年前の人取り橋合戦で敗れた頃の倍以上の兵力である。伊達氏の力は、奥州最強の蘆名氏に迫るところまで急成長していた。

「圧倒する兵力を集めてから戦う」

これが蘆名氏の対伊達戦略だったが、今回だけは勝手が違った。政宗の迅速な出兵に先手を奪われ、兵が思うように集まってこなかった。しかし、ここで出陣を躊躇するわけにはいかない。敵は会津盆地の表玄関である猪苗代城を拠点に、蘆名氏の本拠である黒川城まで1日あれば進撃できる態勢にある。

もはや一刻の猶予もならない。天正17年（1589年）6月5日、蘆名軍は黒川城より出陣して、猪苗代城を臨む高森山に布陣した。兵力は1万8000人と伊達勢よりも若干劣勢だが、さほど致命的な差でもない。しかし、問題はほかにもある……総大将である蘆名義広《よしひろ》は15歳の少年。先代の盛隆《もりたか》に嫡子がなかったため、佐竹氏からきた養子であり、家臣団の忠誠心は低く人心にも乱れがあった。難敵をまえにしての決戦で、このチームワークの乱れは致命的である。

それとは逆に伊達勢は政宗のもとに結束して、戦意も旺盛である。

蘆名の軍勢が現れたと知るや、政宗は即座に決戦を決意して、全軍を率いて猪苗代城を出撃した。猪苗代城の後背には磐梯山麓からつづく摺上原《すりあげはら》（福島県猪苗代町）と呼ばれる広大な台地がある。伊達軍はこの摺上原に向かって移動した。

摺上原の先には会津盆地へ抜け出る街道もつづいているだけに、蘆名軍もこの動きを捨て置くわけにはいかない。伊達軍を迎え撃つべく、高森山より摺上原へ移動していった。

「天は我々に味方した！ 勝ったぞ！」

蘆名軍の総大将・蘆名義広は叫んだという。西方から強い風が吹いていた。砂塵に巻かれる伊達勢を見た義広と蘆名勢は、これを天の助けと勇気を震いたたせた。

大逆襲に転じた伊達軍に蘆名軍の各隊は総崩れとなる！

蘆名勢の先鋒は猪苗代盛胤《もりたね》、伊達に寝返った猪苗代盛国の長男である。

「猪苗代一族の恥め！　もはや父ではない。裏切り者の盛国の首級を挙げよ！」

盛胤は叫びながら、伊達勢の最前線にあった盛国の陣へ攻撃してきた。息子の猛攻に耐えきれず、父はずるずると後退していく。親子骨肉の争いで戦いは始まった。蘆名軍の他の部隊も猛烈な鉄砲の射撃をおこない、その後、西からの強風に乗って伊達軍めがけて突撃した。

伊達軍は向かい風と砂塵のために鉄砲隊もまともに応戦できず劣勢、陣も崩れはじめた。

「敵が崩れた！　いまこそ好機！」

蘆名軍は槍部隊に突撃を命じた。長槍の突撃は蘆名氏のお家芸である。強烈な突進力でさらに伊達勢を100メートルほど後退させ、伊達軍の陣形も鶴翼の左右が崩されて崩壊寸前。政宗の本陣も危なくなった。それを見た伊達軍の伊達成実《しげざね》は鉄砲隊を本陣に差し向けて、攻め寄せる蘆名軍に横合いから集中射撃をくわえた。この一斉射撃が功を奏して蘆名軍の攻撃が鈍る。そのとき、風向きも急に西から東へ変わった。

「風向きが変わった。今だ、攻めよ！」

伊達軍の逆襲は鋭かった。政宗の命令の下、全軍が一丸となって蘆名軍に殺到した。敵の大攻勢に浮き足立った蘆名軍は、我先に後退する諸将や逃亡する兵が続出。逆風に耐え、粘りつづけた伊達勢と比べて、蘆名勢はあまりに脆《もろ》かった。他家からの養子である当主・義広に不満

合戦MVP

伊達成実

一斉射撃で政宗の窮地を救う

政宗の本陣に敵勢が殺到して危うくなったとき、伊達成実は指揮下にあった鉄砲隊を本陣へ差し向けて、横合いからの集中射撃で敵勢の侵攻を食い止めた。彼の機転は、政宗を窮地から救ったばかりでなく、伊達勢が劣勢を立て直すきっかけをつくった。この戦いの勝因をあげるとするならば、やはり、ここがポイント。

ちなみに、彼は名字からもわかるように、伊達の一門衆。政宗とは従兄弟にあたる。伊達家中では猛将として知られ、この後、秀吉と一戦交えて奥州を統一することを主張した。

をもつ者も多く、こういったところではその忠誠心と団結心の欠如が露わとなってしまう。蘆名軍は総崩れになって潰走するが、退路の橋を焼かれて進退窮まったところを追撃してきた伊達軍に追い詰められ、大勢の将兵が日橋川の激流に飲まれて溺死してしまった。

この日の戦いで蘆名軍の戦死者は2000人を超え、軍団は完全に崩壊。会津盆地に攻め込んできた伊達軍に追われて、蘆名義広は黒川城を脱出して関東へ逃亡してしまう。

ここに蘆名氏は滅び、伊達氏は奥州南部の広大な領域を版図とする巨大勢力となった。しかし、日本の中央では豊臣秀吉による天下統一も最終段階。さすがの政宗もこれに屈するしかなく、奥州統一の夢をあきらめて、豊臣政権下の一大名として生き残る道を選ぶことになる。

勝敗のポイント

主君に対する「忠誠心の差」が最悪の形で合戦に現れてしまった！

戦国十大合戦

10

関《せき》ケ《が》原《はら》の戦い

慶長五年（1600年）

東軍 徳川家康 × 西軍 石田三成

豊臣政権の簒奪を狙う徳川家康に
石田三成が反徳川勢力を結集して
戦いを挑む戦国時代の最終決戦。
天下分け目の戦いが、いま始まる!

豊臣恩顧の大名を味方につけて
抵抗勢力の一網打尽を狙う家康！

三成が仕掛けた「必殺の謀略」も家康の天下獲りに利用された!?

豊臣秀吉の死後、専横が目立つようになった徳川家康の動きに危惧を抱いて、これと対立したのが石田三成である。五奉行のひとりである三成は、豊臣政権官僚のリーダー的存在だった。しかし、朝鮮半島への侵攻以来、険悪な関係となっていた福島正則や黒田長政、細川忠興《ただおき》などの武断派大名に秀吉の死後、襲撃される。

このときは敵である家康の調停で窮地を脱したが、助命の条件として大坂を退去しなければならなくなる。豊臣政権内での影響力を失い、領地の近江・佐和山城で隠棲していたが……彼はここで家康を倒すための謀略工作を練る。家康に対抗できる力をもつ会津130万石の上杉景勝《かげかつ》と連携して、「景勝が叛乱を起すかもしれない」という噂を流させたのだ。

豊臣政権最高職の五大老筆頭でもある家康は、これを見過ごすことはできない。また、景勝の所領は関東の後背にあり、彼が軍事行動を起こせば家康の領地である関東も危うくなる。家康は景勝に上洛して釈明するよう求めたが、上洛拒否と家康を侮辱した内容の返書が返ってきた。

これに怒った家康は、ただちに諸大名の軍勢を招集。慶長5年（1600年）6月18日、自らも会津遠征のため江戸へ向かった。このとき、三成はしてやったりとほくそ笑んだに違いない。家康が大坂を留守にすれば、即座に反家康勢力を結集して畿内を制圧する計画だったのだ。

景勝は領内を要塞化して家康を待ち構える――会津領へ侵攻すれば、いかに大軍といえども

両軍戦力比較表

西軍	VS	東軍
近江の一部	領国	武蔵、相模など 8 カ国
約19万石	石高	約225万石
85,000人	動員兵力	75,000人
	装備	
	補給力	
	精強度	
	士気	
石田三成		徳川家康
大吉大一大万 	総大将の家紋	三つ葉葵 
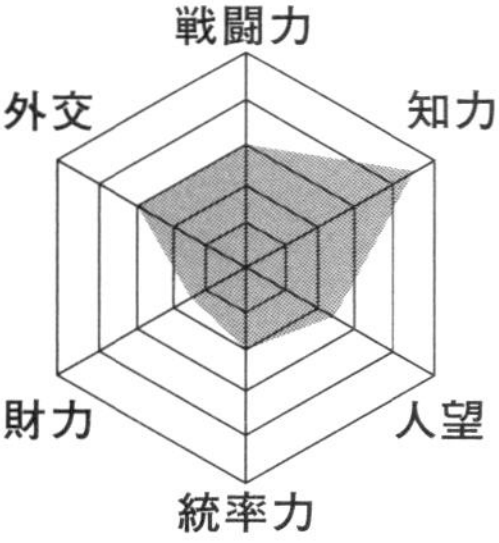	総大将の能力値	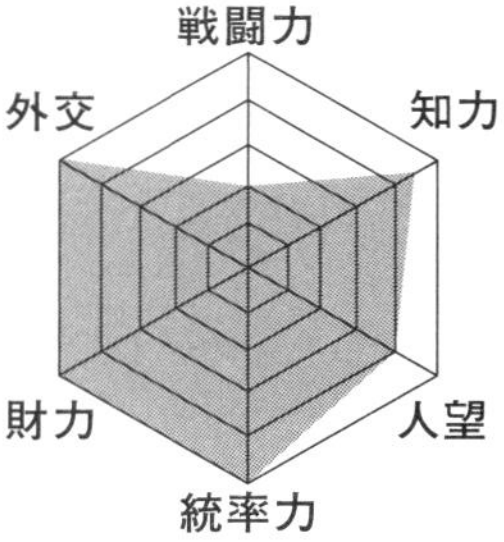
豊臣政権のトップ官僚。しかし、敵が多すぎたし、大名としての勢力も家康には遠く及ばない。盟友の大谷吉継も、彼が盟主では諸将が納得しないと指摘して毛利輝元を大将として担ぐようにアドバイスしている。最後は、家康との人望と統率力の差が明暗を分けた。	備考	福島正則を始めとする豊臣恩顧の大名たちにも、もともと家康はそれなりに人望はあった。苦労人なだけに人の心をつかむのは上手い。また、戦国の地獄を生き抜いてきた古強者。人心の機微を読んで仕掛ける外交戦術や謀略は、理想主義者の三成ではとても対抗できない。

主な武将（西軍）	主な武将（東軍）
宇喜多秀家、小西行長、大谷吉継、安国寺恵瓊、島左近、蒲生郷舎、毛利秀元、長宗我部盛親、小早川秀秋など	福島正則、黒田長政、細川忠興、藤堂高虎、井伊直政、池田輝政、浅野幸長、山内一豊など

長期戦を強いられる。その間に三成が大軍を率いて関東に向けて侵攻、会津勢との挟撃で家康の勢力を殲滅してしまおうというのである。

しかし、三成の計略はすべて家康に見抜かれていた。三成に挙兵のきっかけを与えて、このさい敵対勢力をまとめて倒してしまおう。それが天下獲りへの早道だと考えていたのである。家康のほうが一枚も二枚も役者は上だった。

策士、策に溺れる——家康が自分の策に引っかかったと確信した三成は、家康と同じ五大老のひとりである毛利輝元《てるもと》を盟主に担ぎだして家康討伐の軍を起こす。輝元は中国地方の８カ国１２０万石の太守。反家康勢力の盟主としては申し分ない。それに応じて参じてきた小早川秀《こばやかわひで》秋《あき》、宇喜多秀家《うきたひでいえ》、小西行長《ゆきなが》などの諸将の兵力は８万５０００人にも及んだ。しかし、この軍勢は決して一枚岩ではない。もともと家康陣営に近く、会津討伐の軍勢に参加するため大坂まで来たところで、三成の挙兵により敵中に孤立した形となり、仕方なく三成側に加担した諸将も多かった。

まず、三成は伏見城を大軍で囲んで落城させた。伏見城は、家康が畿内における徳川家の拠点としており、徳川家家臣の鳥居元忠と８００名の兵が守っていたが、大軍に囲まれ全員が討ち死にして落城する。

「三成の挙兵で伏見城が落城した」

この一報は即座に家康へ届けられた。家康は三成の挙兵を待っていたため、従軍スピードは緩慢で、遠征軍はまだ関東の下野国小山にあった。家康はさっそく諸将を集めて軍議に入る。家康とともに東下する大名の多くは豊臣恩顧の

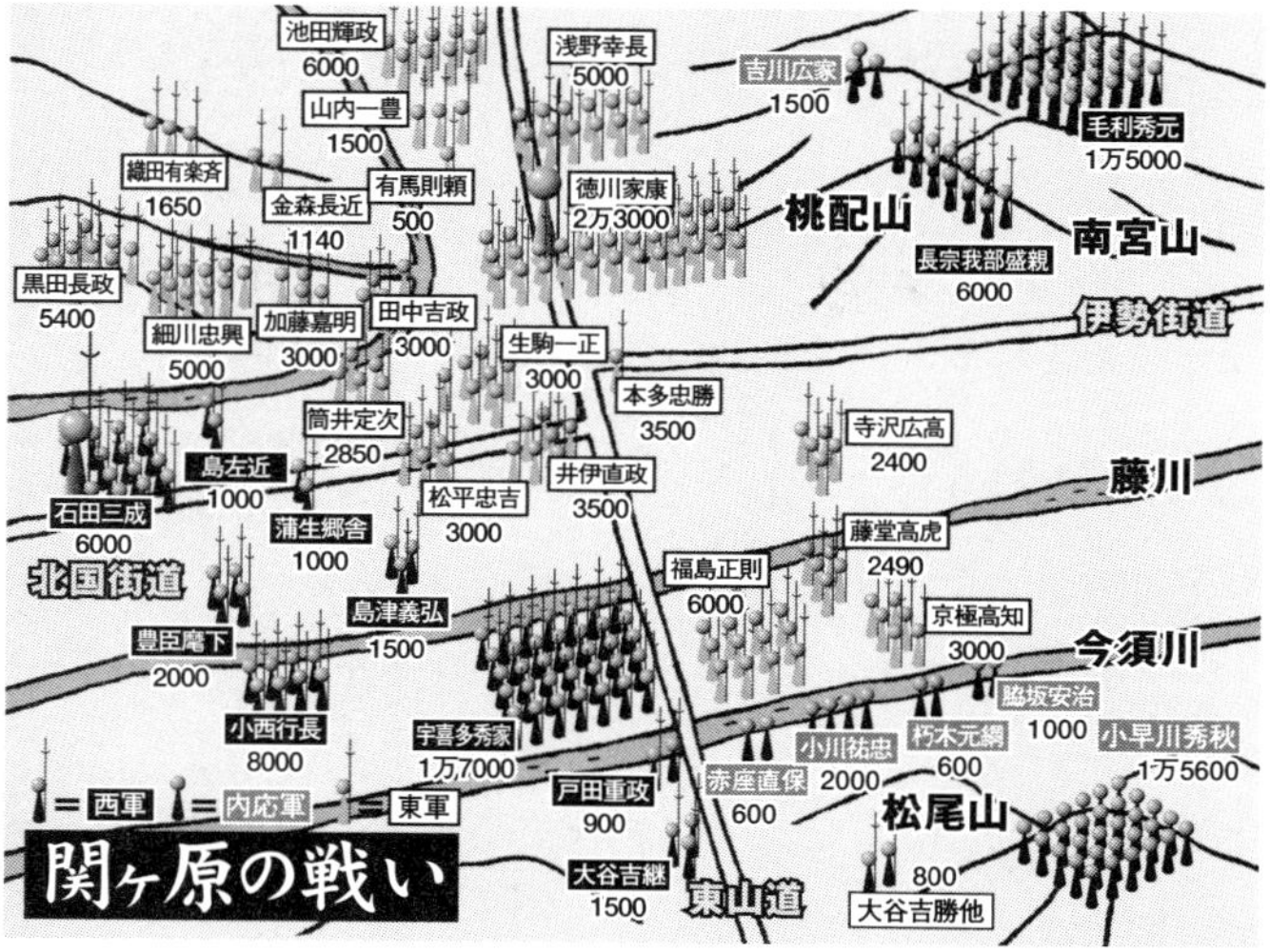

三成が思わず「勝った」と確信するほどは布陣的には西軍が圧倒的に有利。実際、前半は東軍を押しまくるが……西軍諸将の裏切りが続出して潰走することに

大名である。大坂城にいる秀吉の遺児・秀頼は三成の手中にあり、三成と戦うということは豊臣家に弓を引くことにもなりかねない。この諸将をすべて味方につけることができるか？　家康にとっては最初の大きな賭けだった。

「三成は豊臣家に仇なす奸臣《かんしん》。わしは徳川殿にお味方申す！」

まず、尾張清洲城20万石の大名・福島正則がそう宣言した。秀吉が子供の頃から家族同然に育てた豊臣恩顧の大名の筆頭格である。彼の発言で大勢は決した。全員が家康への味方を約束する。この正則の発言、実は家康が周到に根回ししたもの。家康は正則が実母同然に敬愛する秀吉の正室・北政所《きたのまんどころ》と交流を重ね、彼女の信頼を勝ち取っていた。そして北政所を使って正則を巧妙に取り込んでいたのである。

この決して広くはない関ヶ原に東西合わせて20万近い軍勢が集結した

家康は江戸を動かないことで東軍を「戦う軍団」に変貌させる！

三成が結集した反家康連合は、一部が北陸方面へ侵攻。また、松坂城や安濃津城など親徳川勢力の緒城も次々に攻略した。畿内の親徳川勢力を根絶やしにして足下を固めた後、家康が江戸を動かず守勢にまわれば、そのまま東へ向かい上杉氏や常陸の佐竹氏など東国の盟友とともに江戸城を包囲して殲滅する。もし、家康が反撃に転じて畿内へ侵攻してくれば、尾張と三河の国境線でこれを迎撃して決戦するという戦略を立てていた。

一方、小山での評定の後、福島正則ら東軍の諸将は反転して東海道を進み、正則の居城である清洲城に集結していた。ちなみに、三成の反家康連合には西国の諸将が多かったため、のちに西軍と呼ばれ、対して家康陣営は東軍と呼ばれた（当時、この呼称は存在しなかったともいわれる）。日本中の諸大名が東西両軍に分かれて争う天下分け目の戦いが、ここに勃発することになる。

東軍諸将の予想外に早い清洲城への到着は、三成には大きな誤算だった。これで当初の尾張・三河の国境線での迎撃作戦は実行不可能となった。そこで三成は、防衛線を濃尾平野に後退させて、岐阜城と大垣城との間に強固な防衛網を構築。あくまで東軍の畿内侵攻を阻止しながら長期戦で戦うことを想定した。

これに対して、東軍としては敵の防御網が完成する前に美濃へ侵攻すべき――清州城の東軍諸将はそう考えたが、肝心の盟主である家康が、いまだ江戸を動かない。家康はこのとき、東軍や敵である西軍の諸将にまで書状を書くのに時間を費やしていた。西軍諸将の裏切りを誘う大謀略を仕掛ける一方、豊臣恩顧の大名が多い東軍諸将と、強固な信頼関係を構築するための根回しを重視したのである。

また、いつまでも江戸を動かない家康に焦れる東軍諸将に対しては、

「敵を前に、なぜ自らが動こうとしないのだ？　私がいなくては戦えないというでもあるまいに」

と、清洲へ派遣した使者に挑発するような口上を述べさせている。この挑発に乗った東軍諸将は、家康が到着するのを待たず木曽川を渡って怒濤の進撃を開始。岐阜城を攻撃して、西軍にとっては防衛線の拠点となる重要な城をあっという間に落城させてしまった。

畿内への侵攻態勢をとる東軍に長期戦略を崩された三成が大慌て！

東軍諸将による積極的な行動。家康はこれを待っていた。寄り合い所帯の連合軍では、戦いに消極的な将もいる。これが敗因となってしまうことが多いのだ。しかし、この岐阜城攻撃で全軍が一丸となって戦う姿勢も生まれた。それを確信した家康は、やっと重い腰を上げて3万人の軍勢を率いて江戸を出発。東海道を西上した。また、嫡子の秀忠も3万5000人の兵を率いて中山道を美濃方面へと向かう。

また、家康到着前にいきなり東軍が渡河して総攻撃してきたことは、三成にとって誤算だった。防衛網の拠点となる岐阜城が奇襲で奪われ、戦略方針はさらに狂ってしまう。家康の行動には、一石二鳥の効果があった。

東軍諸将は家康の到着を待って美濃の赤坂へ布陣した。西軍の拠点である大垣城から北へわずか4キロほど離れた場所である。三成は焦った。赤坂からつづく街道を通れば、東軍は西軍主力のいる大垣城を無視して、近江へ侵攻できる。自分の居城である佐和山城を攻める可能性があり、西軍が主力を美濃にもってきたがために防備が手薄となった京や大坂に侵攻して、これを占領することも可能だ。疑心暗鬼になった三成は、大垣城にいた西軍主力を迂回させて近江や畿内へ至る要路である関ヶ原（岐阜県関ヶ原町）に布陣させることにした。関ヶ原は東西の入口が険しい山並みに遮断された山間の小盆地。畿内めざして侵攻する敵を阻む防衛線を張るには絶好の場所である。

10 関ヶ原の戦い

天下を真っ二つ分けて争った関ヶ原合戦は、家康の智謀により裏切りが続出するという、三成には予想外の展開となってしまった！

石田三成が本陣を据えた笹尾山に建つ古戦場碑（岐阜県関ケ原町）

三河や甲斐の精兵を主力とした最強の野戦部隊を率いる家康にとって、敵に大垣城に篭られるよりは野戦で雌雄を決するのは望むところ。ますます彼の思惑通りになったといってもいい。西軍諸将が関ヶ原に集結した頃、家康も赤坂に着陣した。これで東軍の兵力は7万５０００人。8万５０００人といわれる西軍にも充分対抗できる。しかし、家康にとって唯一の誤算は、中山道から美濃へ至るはずだった秀忠の部隊が信州上田城の攻撃に手間取って決戦場に間に合いそうにないこと。

　西軍を圧倒する10万人以上の大軍を集めるはずが、その目算は狂った。

　赤坂で秀忠の軍勢の到着を待ってから戦いを始めるという選択肢はあった。しかし、野戦で一気に雌雄を決するチャンスはここしかないと家康はみた。また、彼には心に秘めている必殺の秘策もあった。午前2時過ぎ、全軍に進撃を命じて西軍の待つ関ヶ原へと向かった。

布陣は東軍の圧倒的不利……しかし家康の仕掛けた秘策が炸裂！

夜が明けた頃、東西両軍は布陣を終えていた。東西4キロ、南北2キロの山間の狭地に、約16万人もの軍勢がひしめく。また、この戦場に集められた鉄砲の数は約10万挺。当時のヨーロッパ中にある鉄砲の総数よりも多かった。世界最強の破壊力をもつ二大軍団の対決。力はほぼ互角と思われたが……しかし、朝を迎えて盆地に漂う濃密な霧がしだいに晴れて、双方の布陣がよく見えるようになってくると、

「勝った！」

石田三成はそう確信した。

それほど、布陣を見る限りは西軍が圧倒的優位。後世、明治政府の要請で来日したプロシア軍の軍事顧問団も、この時の布陣図を見て「西軍の圧勝は間違いない」と断定している。東軍は関ヶ原の桃配山《ももくばりやま》の丘陵に置かれた家康の本陣を中心に、諸将は中央部の平地に布陣していた。西軍の主力はこの東軍の進路を阻止するように、近江方面へ抜ける東山道を中心に敵を包囲殲滅できる鶴翼の陣形で展開している。しかも、側面の松尾山には小早川秀秋の1万5000人が配置され、さらに、家康本陣の後方にある南宮《なんぐう》山《さん》には毛利秀元や長宗我部盛親などの2万人を超える軍勢がいた。関ヶ原を見下ろす戦略上の要地をすべて西軍に奪われ、東軍が前方の鶴翼陣の突破に手間取っている間に、西軍は側面や

後方から逆落としの攻撃で東軍を殲滅できる態勢にあった。

しかし、戦いは三成の思惑通りには動かない。決戦は、正面の福島正則と宇喜多秀家の隊が激突して始まった。また、黒田長政や細川忠興らが石田三成の陣に殺到する。平地にいた西軍の兵力は東軍よりかなり少ないが、それでも宇喜多隊や石田隊、小西隊などが奮戦して、東軍の進撃を許さない。この間に山上に布陣する小早川隊や毛利隊などが側面から敵陣に突撃すれば、勝負は決するはずだったが……三成がいくら突撃の要請をしても、小早川勢も毛利勢も動かない。家康の秘策が功を奏したのである。

毛利軍の作戦参謀である吉川広家《きっかわひろいえ》は、家康との密約で戦闘にくわわらないことで本領安堵を約束されていた。大軍の毛利勢が動かないことで、南宮山周辺にいた長宗我部盛親などの諸隊も突撃できないでいた。

戦いは膠着した。しかし、家康はもうひとつの秘策を用意していた。それは松尾山の小早川秀秋の裏切り。だが、秀秋は躊躇しているようで、なかなかそれを実行しない。さすがに家康も焦りがでたのか、ここで一か八かの賭けにでる。小早川の陣を銃撃して、秀秋に脅しをかけて出撃を促したのである。

これが功を奏した。

正午過ぎ、秀秋も意を決して軍勢を率いて山を駆けおり、山麓に布陣していた西軍の大谷吉継《よしつぐ》の部隊に攻め込んだ。さらに小早川隊の裏切りに触発され、西軍陣営にあった脇坂、朽木《くつき》、赤座などの諸隊にも裏切りの連鎖が波及する。東軍の側面を衝くつもりで布陣させた小早川隊

勝敗のポイント

あらかじめ敵将を懐柔した家康の周到な根回しと謀略!

合戦MVP

北政所(ねね)

家康陣営最強の外交官

秀吉の未亡人である北政所を味方につけたのが、家康の勝因だろう。秀頼の母である側室の淀君に牛耳られた秀吉なき後の政権に、彼女は複雑な思いを抱いていた。その心情を家康は利用したのだ。家康は何度も彼女のもとに足を運び、財政的援助までおこなってその好感度をアップ。福島正則などが家康に味方したのも、彼女の説得によるものといわれる。

また、最大の勝因となった小早川秀秋の裏切りも、彼を可愛がった北政所が秀秋を説得したといわれる。家康の勝利に最も貢献したのは、彼女をおいて他にない。

に逆に側面攻撃をうけて、ここまで踏ん張っていた宇喜多秀家、小西行長、石田三成などの諸隊も崩壊。西軍は潰走しだす。三成との確執かこれまで戦いに参加せず、高みの見物を決め込んでいた1500人の島津義弘部隊が、果敢な中央突破で家康の本陣横をすり抜けて関ヶ原からの脱出に成功したのが、敗れた西軍にとって唯一の痛快な出来事であった。

敗報を聞いた大坂城の毛利輝元は、戦意を完全に喪失。家康との対決を避けて大坂から退去して恭順の意を示す。戦場から逃走した三成は、捕らえられて京・三条河原で処刑された。この一戦により家康の敵対勢力はすべて滅亡するか降伏した。もはや、家康は豊臣家の臣下を装うこともなく、堂々と「次の天下人」として徳川政権樹立に邁進することになる。

［総括］

戦国時代の野戦では
瞬時の判断が生死を分かつ!!

「勝てる武将」の条件とは!?

「戦国時代の合戦」という生き残りサバイバルゲーム。それを勝ち抜いた武将たちには、ある共通した資質があった！

弱小勢力が大軍に勝利する戦国の野戦の醍醐味はここにある！

戦国時代の戦いは「攻城戦」と「野戦」の2つに大別できる。攻城戦の場合、どうしても攻守がはっきりとしすぎて、侵攻してくる大軍に対して寡兵の篭城側はひたすら援軍を待って耐えるという我慢の戦いに終始する。スポーツでいえばアメフトの守備側だ。それからすると、ひとつの原野で両軍が入り乱れて戦う野戦は、サッカーに近いのではないだろうか？

攻守はめまぐるしく変化する。寡兵といえども防戦に終始するわけではない。虚を衝いて大軍の本陣を襲うこともある。たとえば、'96年のアトランタ・オリンピック。世界ナンバー1の実力を誇るブラジル代表の怒濤の攻撃に翻弄されていた日本代表が、一瞬の隙を衝いたカウンターの奇襲攻撃から勝利を得たマイアミの奇跡。これなどは桶狭間合戦での信長を彷彿させる。戦場の地形や天候、武将たちのメンタルな部分、あるいは、巧妙に仕組まれた策謀等々。あらゆる条件が複雑に入り交じった状況で繰り広げられる戦いは、まったくもって、一寸先は何が起こるかわからない。

身を守ってくれる堀や石垣がない原野で戦えば、一瞬の躊躇や判断ミスで勝敗が決してしまう。そこに、野戦の醍醐味はある。

武将たちの生死を賭けた戦いを興味や楽しみの対象にしてしまうのも気がひけるのだが……やはり、この展開の速さと変化が、見る者には面白い。そんな戦国の野戦の魅力を、本書で存分に堪能してもらいたい。

合戦で勝利した武将たちには共通する「欠かせない資質」があった！

野戦は人の資質が最も問われる戦いでもある。「尾張の弱兵」「日本一強いのは甲斐と越後の兵」「三河の兵は尾張の兵3人分の働きをする」など、戦国時代まことしやかに語られた諸国の兵の質。身を守ってくれる城壁もない肉弾相打つ野の戦いでこそ、その真価は発揮されるもの。生まれ持った胆力や戦士としての練度があれば、倍する大軍にも対等以上の戦いができる。

たとえば、姉川合戦で浅井氏の軍勢は4倍以上の数の織田軍を圧倒している。近代戦のように兵力と物量の差をつければ勝てるというものではない……質が量を凌駕する。信長は鉄砲の大量導入で尾張兵の脆弱さをある程度は補ったが、それでもまだ、この時代の戦いは人の力に頼るところが大きかった。

また、人の力といえば指揮官の優劣もそうである。よく「勇将の下に弱卒なし」と言われるが、指揮官の優劣で兵は強くなったり弱くなったりもする。「この人のためなら死んでもいい」といった人望やカリスマが将にあれば、命知らずで勇猛な兵団ができあがる。そしてまた、戦勝をかさねるごとに、不敗神話が生まれ「この人についていけば間違いない」と、兵たちの間にそういった感情が芽生えれば、しめたもの。上杉謙信と越後兵の強さも、こういったところから生まれている。逆にそういった人望のない指揮官だと、劣勢になれば兵たちは我先に逃亡して潰走……ということになる。

実際、戦国時代の野戦において、敗軍の死傷

信長、秀吉、家康が勝利したのは偶然ではない!

者が20%を超える例は稀。つまり、よほどの器をもつ指揮官でなければ、兵たちも命懸けで戦うことはない。

そしてめまぐるしく状況が変化する戦場においては、戦術や統率力など指揮官としての総合力が勝敗の重要なカギとなる。また、勝機を素早く感じとる勘も必要である。後世に名を残した名将には、みんなこうした勘が備わっている。

たとえば、関ヶ原合戦でなかなか寝返りを実行しない小早川秀秋に対して、徳川家康は鉄砲隊に命じて松尾山の小早川隊を銃撃した。一歩間違うと、攻撃されたと錯覚した小早川隊がこちらに攻撃を仕掛けてくる可能性もある危険な賭けであったが、この脅しが功を奏して秀秋は裏切りを実行。東軍は大勝利して、家康は天下を獲ることができたのである。

「小早川隊を銃撃せよ!」

戦況に即して、家康はこれが最良の方法と判断して命令したわけだ。そんなことは軍学の書にも書いてない。学んでどうなるものでもなく、そういった判断ができて、勝機を逃さぬ瞬時のうちに命令できるかどうか。それは、持って生まれた才能以外のなにものでもない。

そう考えると、信長や秀吉、家康が度重なる危機を生き延びて、勝利を手にしたのも決して偶然ではない。野戦の戦場を浮遊する幸運の女神は、気まぐれで浮気性であるが、その女神の接近を機敏に察知してそれを逃さず捕まえたからこそ、最終的に勝利を得ることができたのだ。

「戦で勝てる武将の条件」――それは、瞬時の判断ができ、躊躇なく的確な命令を下せること。それが天下を獲る将に欠かせない資質なのだ。

参考文献
『戦国の合戦大全　上巻、下巻』（学習研究社）
『戦国軍師伝』（学習研究社）
『全国版 戦国精強家臣団』（学習研究社）
『信長・秀吉・家康』（学習研究社）
『毛利元就』（学習研究社）
『戦国関東三国志』（学習研究社）
『戦国九州軍記』（学習研究社）
『決定版 図説・戦国武将118』（学習研究社）
『決定版 図説・戦国甲冑集』（学習研究社）
『戦国合戦 超ビジュアル地図』（宝島社）
『戦国武将の通知表』（宝島社）
『図解 戦国大名格付け』（綜合図書）
『図録「日本の合戦」総覧』（新人物往来社）
『天下取り採点 戦国武将205人』（新人物往来社）
『戦術 名将たちの戦場』（新紀元社）

資料・写真掲載協力（順不同 敬称略）
国立国会図書館
仙台市博物館
船の科学館
備中高松城址公園資料館
財団法人 鍋島報效会
武田信玄公宝物館
禅幢寺
臨済寺
崇福寺
種子島開発総合センター
愛川町観光協会
伊賀流忍者店
川目竜央
鈴木重之
田中正純

激突! 戦国の大合戦

2008年4月30日　第1刷発行

著者　©青山誠
イラスト　©長野剛
編集・構成　©中西亮太（マーヴェリック）
デザイン　©有山剛、藤井国敏

発行人　©赤坂了生
発行所　©株式会社双葉社
〒162-8540　東京都新宿区東五軒町3-28
TEL03-5261-4818（営業）
03-5261-4869（編集）

印刷所　三晃印刷株式会社
製本所　株式会社宮本製本所

2008 Printed in Japan
ISBN 978-4-575-30032-1　C0076
●乱丁、落丁は双葉社にてお取り替え致します。
●定価は表紙に表示してあります。